Paul de Lagarde

Beiträge zur baktrischen Lexikographie

Paul de Lagarde

Beiträge zur baktrischen Lexikographie

ISBN/EAN: 9783743363014

Hergestellt in Europa, USA, Kanada, Australien, Japan

Cover: Foto ©ninafisch / pixelio.de

Manufactured and distributed by brebook publishing software
(www.brebook.com)

Paul de Lagarde

Beiträge zur baktrischen Lexikographie

BEITRAEGE

ZUR

BAKTRISCHEN LEXIKOGRAPHIE.

VON

PAUL DE LAGARDE.

LEIPZIG
1868
B. G. TEUBNER.

Die beiträge zur baktrischen lexikographie, welche ich vorlege, sind ausgearbeitet, weil ich — in angreifend eintönigen und mühsamen kritischen arbeiten steckend — im interesse dieser selbst wünschte mir ab und zu eine kleine erholung zu verschaffen: sie sind also nicht ein werk der kraft, sondern der abspannung. wäre meine lage eine andere, so wäre das doppelte und dreifache zu liefern möglich gewesen. ich veröffentliche das buch, da die baktrische philologie nicht in so glänzenden verhältnissen zu leben scheint, dass sie nicht sogar von einem theologen einen kleinen beitrag in ihre wirtschaft sollte willkommen heissen müssen. ich liebe Persien und seine litteratur seit sehr langer zeit: dieser liebe und der verpflichtung um meiner theologischen arbeiten willen mit dem armenischen auf einem leidlichen fusse zu leben verdankt mein buch was es gutes hat.

für das vorhandensein der armenischen vokabeln beläge zu geben schien mir, wie die dinge bei uns stehn, notwendig: irgend welcher prunk soll nicht getrieben, mitunter freilich in der allerzurückhaltendsten form eine polemik geübt werden; daher auch verlangt wird dass der leser, falls ihm ein bedenken über die den wörtern gegebene bedeutung aufstösst, die angeführten stellen in einer griechischen bibel nachschlage: gewonnen sind diese citate auf dem aus meinen abhandlungen 99, 38 ff bekannten wege. den anspruch gründlicher kenner des freilich durch mich selbst [1]) als in den kreis der eranischen

1) Nicht durch Windischmann, der gar keinen begriff vom wesen der eranischen sprachen hatte [grundlagen 39, 18: vgl meine abhandlungen 300, 25] und „arisch“ nicht für eranisch, sondern für unser „indogermanisch“ verwandte.

sprachen gehörig erkannten haikanischen zu sein mache ich nicht, weil meine belesenheit nicht ernstlich über die haikanische bibel hinausgeht. wenn andere bei grösseren ansprüchen mit noch geringerem auskommen, so ist das ihre sache.

sollte neuere litteratur nicht beachtet sein, die zu beachten war, so bitte ich das mit der tiefen einsamkeit zu entschuldigen, in der ich lebe, in welche nicht nur kein neues buch, sondern meist nicht einmal die kunde von dessen erscheinen dringt.

die baktrischen texte führe ich nach der ausgabe und einteilung Westergaards an, und setze voraus dass meine 1866 erschienenen gesammelten abhandlungen in den händen meiner leser sind.

Schleusingen im september 1867.

Aêḳa.

Aêḳa kommt nur zweimal vor: yascht 18, 2 6. in der zweiten stelle vermisse ich zwar beim zeitworte die praepositionen, durch welche die richtung des tragens näher bestimmt wird (offenbar ist das *fradaṭa* etwas gutes, sind *aêḳa* und *apaoša* etwas schlechtes: ersteres ist also herzu, die beiden letzteren sind hinweg zu bringen), doch ist trotzdem klar dass den göttern eine handlung beigelegt wird, welche die menschen in der von Grimm beschriebenen feierlichkeit des todaustragens und sommereinbringens zu jener ehren nachahmten. darum nehme ich *aêḳa* als die baktrische form des neupersischen *yaḥ* eis. dazu passt auch das beigegebene particip *hąmçtareta* ausgebreitet, welches von der krankheit (so übersetzt Spiegel *aêḳa*) nicht gesagt werden konnte: *çtar* hat wie στορέννυμι und *sterno* nur rein sinnliche bedeutung. das neupersische *yaḥ* reicht, wie ich in den abhandlungen 277 gezeigt, bis in die zeit der Pisistratiden hinauf: Plinius δ 94 *septentrionalis oceanus. amalchium eum Hecataeus appellat a Parapaniso amne, qua Scythiam adluit, quod nomen eius gentis lingua significat congelatum.* vor zwei jahren glaubte ich Plinius habe A in Λ verlesen und stellte danach bei Hecataeus ἀμαάχιον her: jetzt scheint mir denkbar dass bei Plinius selbst *L* in *E*, also *amalchium* in *amaechium* zu ändern ist. übrigens habe ich schon 1851 jenes *yaḥ* mit dem osethischen *iḥ* hagel, *yeḥan* eisig zusammengestellt: *iḥ* steht in Mschedibas psalter 17, 13 77, 47 48 104, 32 148, 8 für χάλαζα.

aiwitara.

Die praeposition *aiwi* wird im armenischen als *ev* so gebraucht, wie die Indier *api* verwenden, für und. als postposition ist *aiwi* in dem armenischen instrumentalis zu *b v w* abgeschliffen: *divow* setzte ich gleich *dathvôi aiwi:* vgl φι und ἐμᾷ ἀμφὶ μαχανᾷ Pindar pyth 8, 34. dass *aiwi* in zusammensetzungen armenisch *av ô* lautet, ist wenn nicht durch *ôśindṛ* ἀψίνθιον, so doch durch *ôśaṛak* νᾶμα cant 8, 2 Gregor Narek 472, 8 14 abhandlungen 214, 9 = *afśarah* und das dem *eritasaṛd* νεανίσκος Dt 32, 25 Mc 14, 51 16, 5 Act 2, 17 5, 10 Ioh α 2, 13 14 entgegenstehende *ôsaṛd avsaṛd* abhandlungen 274, 34 erwiesen. sonach kann es kein bedenken haben *aiwitara* = *ôtaṛ* zu setzen, das vor dem dreizehnten jahrhundert *avtaṛ* geschrieben wird. *ôtaṛ* steht absolut Gregor Narek 393, 14: für ἀλλότριος Isaj 1, 7 und ξένος Iob 31, 32. als adjektiv in den redensarten θεὸς ἕτερος Ex 23, 13 34, 14 Dt 5, 7 6, 14 7, 4 8, 19 11, 16 oder ἀλλότριος Reg γ 9, 9: θυμίαμα ἕτερον Ex 30, 9 [10 arm]: πῦρ ἀλλότριον Lev 10, 1 Num 3, 4: λαὸς ἀλλότριος Isaj 1, 7: ἔθνος ἀλλότριον Ex 21, 8: γῆ ἑτέρα Dt 29, 28: γῆ ἀλλοτρία Ex 2, 22 18, 3. danach yascht 17, 14 *aiwitarâbyô haća daṅhubyô* = aus fremden ländern. armenisches *a* = baktrischem *a* vor Einem konsonanten beweist dass *ôtaṛ* erst in der parthischen periode nach Armenien kam.

aḳti.

Schon 1855 stellte ich öffentlich baktrisches *aḳti* und armenisches *aḳt* gleich. *aḳt* steht für νόσος Mth 9, 35: μαλακία Mth 4, 23: ἀρρωστία Reg γ 17, 17 δ 1, 2 Eccl 5, 15 6, 2: auch Eccl 5, 12 ist *aḳt* statt des jetzt gedruckten *ḳrat* zu lesen. im vendidad heisst es 2, 5 unter Yimas herrschaft solle *nôiṭ aḳtis nôiṭ mahrkô* sein = weder krankheit noch tod.

Anâhita.

Wer zuerst *nâhid* der Araber mit *Anâhita* in verbindung gebracht, kann ich in Schleusingen nicht feststellen. das wort las ich jüngst bei Ibn Batutah IV 424, 3: dort ist es mannbar zu übersetzen, sonst gibt die stelle keinen sinn. *nahd* Hariri 88, 3 613, 4. die Semiten lieben es ausdrücke, die sich auf das geschlechtsleben des weibes beziehen, in maskuliner form auftreten zu lassen: dadurch erledigt sich abhdl 35, 4.

anyδvarena.

Aylôṛinak ist, wie ich 1854 gelehrt, mit *anyδvarena* sicher verwandt: vendidad 12, 21 kann nach dem zusammenhange das baktrische nichts anderes bedeuten als andersgläubig, ketzerisch, und gerade dies heisst armenisch *aylôṛinak.* von *vaś* bildete man *aośêtê,* die Armenier selbst haben *δś ṭê* neben *waś ṭê*: so nehme ich um *δṛên* zu erklären eine nebenform *aorena* an. neupersisch *bâwar* Fakhri 72, 18 107 19 141, 9 188, 6 240, 12, kirchenslavisch *wêra* zu vergleichen. *δṛên* ἔθος Lc 1, 9 Ioh 19, 40 Act 6, 14 15, 1 16, 21 21, 21 25, 16 Macc α 10, 89 β 11, 25 13, 4: ἐθισμὸς Gen 31, 35 Reg γ 18, 28 Macc β 4, 11 12, 38: νόμιμον Gen 26, 5: am häufigsten νόμος. auf das dogma geht *δṛên* nicht, sondern auf den brauch.

apâḳtara.

Zu dem von Burnouf zur erläuterung von *apâḳtara* beigezogenen *bâẖtar* ist noch das armenische *apaḳtaṛḥ* üble vorbedeutung zu fügen: weiter muss festgehalten werden dass *aẖtar* und das ihm entsprechende plurale tantum *aḳtaṛḥ* nicht synonyma von *sitârah* und *astl* sind, sondern dass ursprünglich die sternbilder so heissen, gegen welche die mit den im norden wohnenden dews verbündeten planeten (im pehlewi אפאחטר:אן oder gegen-achtar) kämpfen. die dem Moses von Khorèn untergeschobene geographie 614, 15 Skythia, welche *apaḳtaṛḥ* sind, das heisst Türken. Eine hds *apḳṛttaṛḥ*, eine andere *aḳtaṛḥ*. *sitârah* kann Fakhri seines metrums wegen nicht wohl verwenden: er hat es 14, 22 als bacchius: *aẖtar* dafür desto häufiger meist mit dem monde in beziehung gesetzt. 195, 1 warum hast du die *aẖtar* mondlos gemacht? 240, 15 die schönen sind wie die *aẖtar*, er der mond darunter. 254, 15 wenn er tausende von monden und *aẖtar* sieht, so sieht er doch unter all dem leuchtenden nicht Eine sonne. 101, 2 die heerführer . . . waren männiglich wie mond und *aẖtar.* 14, 9 wie in den *aẖtar* der mond. 33, 21 der *ẖwarangâh* (vgl armenisches *ḳoran* σκηνή? Elischê 33, 20 Gawâliqi 28, 11?) war von götzenbildern [schönen mädchen] voll *aẖtar* und monden. 168, 17 mond und *aẖtar.* 26, 3 sonne (*mihr*) und mond und *aẖtar.* sehr merkwürdig dass er 15, 15 sagt „wie der mond leuchtend in den *manâzil*"; danach scheint er *aẖtarân* und מזלות gleichgesetzt zu haben. sonst auch in der wolke *tâbandah aẖtar* 37, 20: mein *kâr* (vgl unten *kar*) wird dann leuchten wie ein *aḫtar* 19, 5: jedermann hatte von wein einen *aḫtar* in der faust 15, 1: der himmel ist voll *aḫtar* 119, 17 (wie 14, 22 voll *sitârah*): aus dem dunkel erhebt sein haupt *aḫtar-i bad* 188, 22. von solchem unglückssterne oder unsterne heisst der *bad-aḫtar* 219, 12 248, 10 258, 17. sternkenner = astrologen *aḫtar-šinâsân* 220, 8 261, 9 usw. sonst vgl noch 23, 21 31, 9 54, 20.

areǵ.

Der armenische satz Hebr 11, 38 *zors oć arźé aškarhs* ὧν οὐκ ἦν ἄξιος ὁ κόσμος oder der andre Prov 8, 11 *amenayn patovakan ćarźé zna* πᾶν τίμιον οὐκ ἄξιον αὐτῆς ἐστιν erläutert die baktrischen yascht 21, 5 *areǵaiti aêva ašô-çtûitiš oyam vâ ašaonô ḱšnaoṭrem çatem ḫafnanąm* = „wert ist ein einziges aschogebet oder ein einziges khschnaothra eines reinen hundert chafnas" (chroniken von Mekka I 303, 11 ff) und yaçna 50, 10 *yâ vohû ćašmąm areǵat manaṅhâ* „was Bahmans augen wert ist" = was wert ist von Bahman angesehn zu werden.

dazu das *arzân* entsprechende *arźan*. *arźan ê* πρέπον ἐστὶ Cor α 11, 13: δεῖ Mth 23, 23 Mc 13, 14 Lc 11, 42 13, 14 16 19, 5: ἔξεστι Mth 12, 2 (die berliner hds hier *ôrên*, vgl Lc 22, 7): ὀφείλει Mth 23, 16: absolut *arźan* τὸ ἀνῆκον Philemon 8, dessen gegensatz *anarźanḫ* ἄτοπα Iob 11, 11: μὴ καθήκοντα Rom 1, 28.

dem indischen *arǵa* entspricht *arg*, jetzt meist unorthographisch *yarg* geschrieben. daher *anarg* ἐξουθενημένος Cor α 6, 4. von diesem wieder *anargel* ἀτιμάζειν Lc 20, 11 Ioh 8, 49 Act 5, 41 Rom 1, 24 2, 23 Iac 2, 6: ἀθετεῖν Mc 6, 26 Lc 7, 30 10, 16 Gal 2, 21 3, 15 Thess α 4, 8: ἐξουθενεῖν Act 4, 11 Gal 4, 14.

arémpiṭwa.

Was Burnouf über *rapiṭwina* geschrieben, ist mir jetzt unzugänglich: Haugs auseinandersetzung ZDMG VII 515 habe ich ohne nutzen gelesen. dass yaçna 44, 5 ein zwischen *ušâo* und *kšapâ* stehendes *arémpiṭwâ* mittag bezeichnen müsse scheint klar. der mittag heisst aber sonst *rapiṭwa*. folglich muss *arémpiṭwa* eine (wahrscheinlich ursprünglichere) nebenform von *rapiṭwa* sein. die Armenier haben *haṛav* νότος Mth 12, 42 Lc 11, 31 12, 55 13, 29 Act 27, 13 28, 13 usw: das scheint mir neupersisches *hamraf hamraw* ausgewachsen. der mittag wäre danach als der grossgewordene tag bezeichnet. vgl ἀχμή und das angeblich bei den Achäern mit ihm gleichbedeutende ἀμολγός in νυκτὸς ἀμολγῷ. im griechischen findet sich gerade in den ältesten wörtern ein ἀ für *sa sam*, wie nach meiner erklärung *arémpiṭwa* für *harąpiṭwa* steht. natürlich meine ich nicht dass das armenische *haṛav* auch die endung *iṭwa* mit dem baktrischen worte gleich hat. darf ich als beweis für einen uralten anusvâra in der wurzel λέμβος und (trotz des störenden asper) ῥέμβεσθαι anführen? möglich dass auch das ἔρεβος zu *rav* gehört, da es bekanntlich bei Homer nie aufenthalts- sondern stets durchgangsort der seelen ist (vgl den *limbus patrum* der kirche).

p und *v w* wechseln: *žipak* quecksilber = *žéwah* abhdl 43, 2 ff Dimischqi xlvii.

Arezahi.

Arezahi heisst im vendidad 19, 39 eines der sieben karschvare, in welche die erde (das heisst Eranschahr und die ihm angrenzenden länder) eingeteilt ist. im Mihiryascht 15 erscheinen diese sieben unmittelbar nach ganz bekannten geographischen namen, woraus mir zu folgen scheint dass auch bei ihnen eine geographische deutung versucht werden darf.

Arezahi nun muss eine vielumkämpfte grenzprovinz gewesen sein, denn yascht 10, 8 heisst es vom Mithra „ihn verehren die satrapen Arezahis, so oft sie heranziehen gegen kriegslustige heere, gegen kämpfende schaaren im ernstkriege um die provinz“. dass Arezahi im westen lag, wissen wir aus Bundehesch 5.

ich halte Arezahi für *Eṛizay* oder *Eṛéz* in der provinz Akilisene. was zunächst die lautliche übereinstimmung angeht, so steht *ay* persischem *ah* gegenüber in *spay* = *sipâh* Moses 126, 2: dass anlautendes *e* aus älterem *a* herabgekommen sein kann sowie dass *i* und *e* nicht immer scharf auseinandergehalten wurden, beweist gleich der name der provinz, in welcher *Eṛizay* lag, und der nächst benachbarten. denn Ἀκιλισηνή[1]) heisst armenisch *Ekeleaṡ*, der nebengau *Speṛ* bei Strabo 503 [529] 530 Σπιρῖτις (so ist für Συσπιρῖτις notwendig zu schreiben,

---

1) bei Strabo 521 hat Kramer mit recht diesen namen im texte, nur hätte er das ἀκίρη εισι der pariser hds nicht für ἄκυρά εἰσι [warum nicht ἐστι?] halten, sondern als verstümmelung von Ἀκιλισηνὴν erkennen sollen.

vgl Moses 607, 12 13). die Armenier legten sich in späterer zeit für den namen eine etymologie aus ihrer sprache zurecht: da sie an *eréz* dachten, dessen genetiv *erizay* lautet, wurde Arezahi zu *Erizay* und schliesslich, da der scheinbare genetiv doch kein genetiv sein durfte, gar zu *Eréz*.1) [auch in Karien lag ein Ἔρεζος Hierocles 33 parth.]

---

1) ich habe in nächster nähe ein sehr interessantes beispiel einer solchen volksetymologie. etwa eine achtel meile vom kloster Vessra liegt das dörfchen Ehrenberg, über diesem der im ganzen gaue sichtbare und gekannte kapellenberg. die kapelle, einfachster bauart, hat eine seitenwand und das dach verloren. der berg, auf welchem sie steht, mag in katholischer zeit als stationenberg benutzt sein. er erhebt sich alleinstehend fünftehalbhundert fuss über dem tale der Schleuse und gestattet über leicht hügliges umland weite umschau, südlich nach den beiden Gleichen bei Römhild, westlich nach dem Dollmar, nördlich nach dem Adlerberge. man braucht, falls man deutsches blut in den adern hat, nur einmal oben gestanden zu sein, um zu wissen dass auch hier wie so oft anderswo der christliche kultus an die stelle des heidnischen getreten ist. welches deutsche herz wird da oben in abrede stellen dass der einsame gipfel für die deutsche nation heiliger boden ist? die auf ihm einst brennenden opferflammen mussten im ganzen gaue gesehen werden. sollte nämlich nicht dieser fränkische Ehrenberg wie der andre auf der Rhön, westlich von Dammersfelde, südlich von Dalberda, und der dritte im meissnischen, also auch in einem von Franken bewohnten lande bei Altenburg gelegene, von Grimm in den sagen 206 erwähnte, mit dem von Grimm gedeuteten bairischen erntag zusammengehören und vom kriegsgotte Er den namen haben? welcher Er also auch von den Franken verehrt worden sein müsste. zwischen Vessra und Ehrenberg quillt unter einer alten eiche der heilige brünn, dess wasser zur Schleuse hinabläuft: das nächste dorf südlich von Ehrenberg heisst Siegritz. der Siguhart, von dem es genannt ist (ähnliche bildungen im nördlichen Franken Heinrichs Albrechts Ebenhardts [jetzt Mäbritz] Wallrabs Gotthardts Bernhards Seiferts Mahlerts), dürfte um des kriegsgottes Er willen sich dem Ehrenberge so nahe angesiedelt haben. und wenn das volk jetzt bei dem namen Ehrenberg etwas denkt, was schwerlich der fall ist, so denkt es an das neue wort ehre, welches auch das h in jenem verschuldet hat: der gott Er ist hin mit dem bewusstsein dass südlich vom rennsteige Franken wohnen. die alten besinnen sich bei uns noch auf ihr Frankentum, wenn man sie daran erinnert, aber ihre söhne dienen im ersten thüringischen infanterie-regimente zu Erfurt. das jetzige geschlecht wird den namen Franken in zehn jahren nicht mehr kennen. in Vessra wird jetzt über den gräbern der Henneberger in der fast vollständig erhaltenen kirche, in welcher Wolfram von Eschenbach betete, gedroschen.

dieses armenische *Eṛizay* ist aber auch gerade als kultusstätte so bedeutend gewesen, dass es wohl einem ganzen karschvare den namen geben konnte. Moses von Khorèn berichtet β 14 in *Eṛizay* sei die bildsäule der Artemis errichtet worden: aus β 60 lernen wir dass von weit her nach dem tempel dieser Artemis boten kamen, um für ihre auftraggeber heilung und heil zu erflehen. den Agathangelus 45, 16 17 587, 6 7 führe ich nach dem, was ich selbst über seine abfassungszeit ausgemittelt, nur an um zu erweisen dass des Moses Artemis die Anahit war. dass *Eṛizay* als an der grenze Armeniens liegend angesehen wurde, erhellt aus des Moses bericht β 14 die griechischen priester, besorgend in das innere Armeniens geführt zu werden, hätten vorgeschützt die götter selbst wollen *andên* wohnen, und so sei das bild . . . der Artemis in *Eṛizay* aufgestellt worden.

habe ich recht, so gewinnen wir einen anhalt für die chronologie der baktrischen schriften. vielumkämpft war Akilisene erst nach Lucullus. die einwanderung der Phrygier in das westarmenische gebiet (abhandlungen 291) scheint ohne blutvergiessen vor sich gegangen zu sein, da diese Phrygier in ein verhältnissmässig leeres land kamen.

aṭreṇta.

Das *aṭreṇtqm* vendidad 7, 35 habe ich schon 1854 erklärt: ich komme darauf zurück, da die erklärung übersehn worden ist. die überlieferung gibt 89, 21 der spiegelschen ausgabe אמט כרשטן: dass damit das neupersische *siriśtan* angedeutet sei, ist allgemein zugegeben. nun wohl: *ṭreḷ* heisst im armenischen kneten: φυρᾶν Gen 18, 6 Reg α 28, 24 β 13, 8. von diesem *ṭr-* ist *siriśtan* (Fakhri 136, 20) nur eine weiterbildung, deren stamm ich nicht anzugeben weiss. er lief entweder nach analogie von *dâśtan dâr* auf *r* oder nach der von *hiśtan hil* auf *l* aus: *ṇ* in *aṭreṇta* rät *sirin* anzusetzen. armenisches *ṭ* verhält sich zu *s* wie baktrisches *ṭ* zu demselben etwa in *ṭaḳtu* gleich dem durch seine zusammensetzungen *âsaǵdah basaǵdah pasaǵdah* völlig gesicherten *saǵdah*, dessen *ǵd* noch ein hinweis auf das *g* der wurzel ist. *ṭreṇta* ist geradezu = *siriśtah*, beides im sinne des nicht fortgebildeten und durch die andre participialendung abweichenden *ṭreaḷ* geknetet.

es versteht sich von selbst dass ich ein *aêtavaṭ ṭreṇtqm*

vor *aꞩtavaṭ aṭrentąm* ausgefallen erachte, welche vermutung jetzt auch Spiegel geäussert hat: *aṭrenta* heisst ungeknetet.

avabareta.

Avabareta ist im neupersischen, allerdings in einer aus der pehlewizeit stammenden form, erhalten. *wabardak* abhdl 214, 24 für *wabardah* heisst das rätsel als etwas vorgelegtes: vergleiche πρόβλημα Ernesti *lexicon rhetoricum* 290. dem späteren persisch heisst das rätsel *čîstân*, eigentlich „was ist das?“ [französisch *vazistas* hat ganz anderen sinn]. danach übersetze ich vd 13, 30 *ava hê barayen tâstem dâuru* sie sollen ihm [dem hunde] einen bearbeiteten (von zweigen befreiten) knüppel vorbinden.

ayaṅhaêna.

Nkaṛên Gen 30, 37 31, 8 und *šahên* sind in der parthischen zeit in den bestand der armenischen sprache aufgenommen. wir erhalten durch diese wörter die gewissheit dass die ihnen im neupersischen entsprechenden, jetzt *nigârîn*[1]) und *šâhîn*[2]) lautenden, in dem unter den Arsaciden in Eran herrschenden dialekte *šâhên* und *nigârên* gesprochen wurden. es wird der schluss erlaubt sein dass alle wie *nigarên* gebildeten adjektive des neupersischen damals noch in der endung guna hatten.

zur zeit Fakhris war das nicht mehr der fall.

Fakhri vermeidet arabische ausdrücke, doch ist ihm (aus koran 56, 22) 24, 14 209, 14 חור עין in sein gedicht geschlüpft wie 72, 19 מסכין, das die arabischen eindringlinge in Persien so eingebürgert haben mochten wie die jüdischen in Deutschland das שֵׂכֶל. sowohl עין als מסכין haben ohne frage *î*: die auf sie reimenden wörter müssen daher ebenfalls für Fakhri *î* gehabt haben.

wir gewinnen durch *miskîn* zunächst allerdings nur *Râmîn* für ראמין, durch dies *Râmîn* aber weiter alle auf *Râmîn* reimenden wörter, darunter die adjektive *bâlîn* 103, 2 111, 7 124, 10 156, 4 161, 14 208, 9: *barzîn* 72, 4: *čandîn* 105, 2 136, 8 12 188, 4 254, 2 260, 15: *dêrîn* 153, 11 262, 22 [vgl 291, 19]: *ǵamgîn* 97, 7 220, 13: *ḫûnîn* 99, 4 10 147, 1: *muškîn* 181, 11: *nigârîn* 89, 20 105, 14 152, 18: *nuḫustîn*

---

1) Fakhri 89, 20 105, 14 146, 16 152, 18 164, 2 173, 7 190, 19 212, 17 247, 20 261, 15 278, 15. armenisches *k* = persischem *g* wie in *nkun* = *nigûn*. | 2) Fakhri 58, 7 97, 18 112, 16 142, 12.

112, 4: *pêšîn* 11, 22: *rôšîn* 111, 17 167, 10 237, 8: *sîmîn* 88, 13 103, 22 109, 3 110, 2 240, 16: *šîrîn* 49, 5 56, 16 94, 16 100, 2 103, 8 116, 15 126, 15 144, 20 166, 10 183, 19 186, 8 192, 20 254, 9 263, 11 264, 19: *zarrîn* 84, 13 158, 5.

auf עִין reimt 24, 14 *bâfarîn*. wir gewinnen durch *âfarîn*, wenn ich *yâsemîn* 76, 5 als vielleicht nicht hergehörig weglasse, jedenfalls aus 68, 5 *zamîn*.

auf עִין reimt 209, 14 כִין. das baktrische *kaêna* ist als *kên* (woher *kinal* grollen Num 35, 21) in das armenische aufgenommen: ein ursprünglich haikanisches wort würde ja *k* im anlaute zeigen[1]): wir sehn aus der angeführten stelle Fakhris dass diesem der guna schon abhanden gekommen war, was durch 41, 5 209, 5 249, 2 272, 22 bestätigt wird: wir gewinnen durch *kîn* 41, 1 das recht *hûnîn* wie 149, 5 226, 6 *ćunîn* zu sprechen.

nisrîn gilt den Arabern als fremdwort: von einem diphthonge in der letzten silbe ist nirgends eine spur. so dürfen wir uns versichert halten dass das 241, 22 auf *nisrîn* reimende סימין *sîmîn* gelautet hat und dürfen aus 158, 3 201, 16 204, 2 für נושין die aussprache *nôšîn* erschliessen.

ich glaube nicht dass nachdem ich[2]) syrisches סובין als aus armenischem *sovin*[3]) entlehnt nachgewiesen, jemand daran zweifeln wird dass die von den Griechen ζυβίνη genannte gelanische streitaxt oder partisane bei den Persern je einen guna in der letzten silbe gehabt. *ẑûbîn*[4]) reimt Fakhri 49, 15 auf סנגין, mithin muss ihm steinern *sangîn* geheissen haben.

es wäre eine eigentümliche bosheit der sprache, wenn dem baktrischen *frîna âfrîna* in andern eranischen dialekten und vielleicht gar in dem, von welchem das neupersische abstammt, gunierte formen gegenübergestanden hätten. wenn ich das *quivis praesumitur bonus* noch gelten lasse, können es die

---

1) כינה Fakhri 46, 8 118. 20 295, 15 wird im Patet Irani *kina*, in dem noch immer nicht herausgegebenen Minokhard aber *khina* geschrieben (Spiegel parsigrammatik 25 ende): von *khina* ist nur ein schritt zu *chîna*. über das auf כינה reimende wort für glas vgl meine *reliquiae iuris ecclesiastici graec* ix. | 2) abhandlungen 67, 36. | 3) Moses von Khorên 73, 27 Isaj 2, 4: vgl Ezech 39, 9. verkleinerungsform *sovnak*. | 4) Fakhri 40, 8 84, 16 263, 16 384, 4.

söhne dieser zeit erst recht, und das dunkle *frênê* vendidad 5, 59 lasse ich mich vorläufig noch nicht anfechten. so lehrt Fakhri 68, 5 dass er *zamîn*, und 165, 5 dass er *śîrîn* gesagt.

da die persische adjektivendung *gîn* sich auch im armenischen (nur ohne äussere bezeichnung der vokallänge) vorfindet, ist ihr ein höheres alter gewiss: dass ihr *î* jemals gebrochen gewesen, wird mindestens erst erwiesen werden müssen. also steht, wenigstens bis auf weiteres, *ǵamǵîn* Fakhri 81, 11 bei באלין für die aussprache *bâlîn* ein.

ich habe seit 16 jahren gelehrt קֵין sei China, muss also, da ich den punktatoren einen irrtum vorzuwerfen mich nicht getraue, zugeben dass der name des reiches der mitte einst mit einem diphthonge gesprochen worden ist. die Armenier des fünften jahrhunderts nach Jesus scheinen noch *ćên* gehört zu haben, da sie *ćen ćenastan ćenpakur* schreiben, aber die Indier kennen nur *ćîna*, Syrer und Araber nur צִין. daher glaube ich dass auch Fakhri *ćîn* gesagt. reimt er darauf 66, 11 זרין, so folgt dass er dies *zarrîn* gesprochen.

die leidige notwendigkeit orientalische worte mit lateinischen lettern wiederzugeben, machte die voranstehende untersuchung notwendig, der sehr viele ähnliche folgen müssen, wenn die eranische philologie gedeihen soll. jetzt erst kann ich fragen ob etwa baktrisches *ayañhaêna* im neupersischen, nur ohne guna, als *âhanîn* erscheint: *ayañh* hat, wenn ich mich recht entsinne, schon Burnouf mit *âhan*, dem stammworte von *âhanîn*, in verbindung gebracht. *ayañhaêna* mag auch schon von ihm für אהנין erklärt sein.

das syrische סים silber soll zuerst Fuller *miscellanea* γ 18 mit ἄσημος zusammengebracht haben, so zwar dass er (hinlänglich unüberlegt, da dem ἄσημος ein ἐπίσημος gegenübersteht) die Griechen in diesem falle aus dem syrischen entlehnt haben lässt. andere nahmen das gegenteil an. dass griechische wörter nach Eran drangen, ist etwa durch *daihîm* Fakhri 103, 10 391, 19 = διάδημα zu erweisen: wie aber gerade ein adjektiv, das nur ungeprägt bedeutete, dazu gekommen sein sollte in Syrien und dann auch in Eran speziell für silber verwandt zu werden, ist schwer zu begreifen: gold- und silberwährung giengen bekanntlich im persischen reiche (das münzrecht ist im altertume nicht regal) neben einander her: ausgemünzt wurde überall sowohl gold als silber, so dass kein grund vorlag etwa im bereiche des euböischen talentes das silber *ἄσημος* zu nennen.

im pehlewi erscheint אסימין für silbern, אסינין für eisern: die beiden metalle sind ersichtlich mit rücksicht auf einander benannt, wie die Armenier zu *eṛzaṭ* = *erezata* ein *eṛkaṭ*, zu *dustṛ* = *duǵḍar* ein *ustṛ*[1]) setzten, welches sohn bedeuten musste: unser *silber* hat ja Grimm in σίδηρος (für σίδσϝρος) wiedererkannt. damit scheint mir erwiesen dass sowohl אסים silber als אסין eisen eranischen ursprung haben. ich vermute dass die wörter, um mit der Ilias β 857 zu reden, τηλόθεν ἐξ Ἀλύβης sind, ὅθεν ἀργύρου ἐστὶ γενέθλη: vgl Strabo 549 οἱ νῦν Χαλδαῖοι (armenisch *ḳaltiḥ*) Χάλυβες τὸ παλαιὸν ὠνομάζοντο, καθ' οὓς μάλιστα ἡ Φαρνακία ἵδρυται . . . ἐκ τῆς γῆς ἔχουσα τὰ μέταλλα, νῦν μὲν σιδήρου, πρότερον δὲ καὶ ἀργύρου. אסין soll sich im kurdischen[2]) *asin* erhalten haben. führen wir es auf die wurzel *aç* zurück, so erklärt sich alles nach meinen abhandlungen 51, 15 ff. die urform *âçana* wurde einmal zu *dhan*, das andre mal mit schwächung des endungsvokals zu *asin*. desselben stammes ist das armenische *aseln* (vulgär *asel*) ῥαφίς Mth 19, 24 Mc 10, 25 Lc 18, 25: es stellt sich zu ἀκίς und *acies*, indischem *açri*. das scharfe schneiden und stechen des eisens musste seinen entdeckern besonders angenehm auffallen: sie griffen für die benennung des neuen metalles auf die wurzel zurück, welche die schneidigsten (Scali-

---

1) Reg δ 17. 17 Dt 18. 10 Elischê 99, 3. | 2) die *british and foreign bible-society* besitzt eine übersetzung des pentateuchs in den dialekt der Hakkari-Kurden in einer (oder sind es zwei? ich bin seit 1853 nicht in der bibliothek der gesellschaft gewesen) schönen taliqhandschrift, auf welche ich hiermit öffentlich aufmerksam machen will. | 3) da ich früher über das armenische *amusin* Ioel 1, 8 falsches gelehrt und dies mir (natürlich ohne mich zu nennen) nachgeschrieben worden ist, will ich hier bemerken dass *amusin* mit dem persischen אמוסני beschlechtet ist, was selbst wieder zu אסני und וסני gehört und die bedeutung des zu proverbien 41, 13 abhdl 17, 6 besprochnen semitischen צרה hat. die Perser schreiben madda über das א von אמוסני: da indessen Ciakciak dem armenischen worte auch die bedeutung *coetaneo* gibt, habe ich wohl darin früher recht gesehn dass in *amusin* die praeposition *ham* steckt. die Perser dehnen auch das baktrische *açman* = Ἀκμον- zu *âsemân*. möglich dass auch *âhan* auf diese weise für *ahan* steht, also *âçana* unnötig ist.

gerana [1740] 286), aber (weil unhaltbarsten) vom kupfer verdrängten werkzeuge (die von flins) mit namen versehn.

nun die kehrseite. wie soll *âhan* = *ayaṅh* sein? *aṅh* ist ein affix, das im neupersischen stets durch seine abwesenheit glänzt: *rôz* = *raoċaṅh* mag als beispiel dienen. wir behalten also *ay* = *âhan*, was denn doch wohl unmöglich ist. also: so ähnlich *ayaṅhaêna* und *âhanîn* für unsere ohren klingen, sind sie doch, nur dass *aêna* (allerdings nach verlust des guna) = *in* ist, unverwandt.

ayaṅhaêna nimmt seinen nominativ und wohl auch seinen akkusativ von einem nächst verwandten *ayaṅhaênya*. analog verfahren die übrigen adjektive auf *aêna*. die Armenier kennen im alten bestande ihrer sprache nur die endung *aênya*, die bei ihnen *eni* lautet. man sagt *armaveni* von *armav* = persischem *ḫurmâ*, *ḳozeni* von *ḳoz* (vgl persisches *ḫôk*), *garneni* von *garin*, *uḷeni* von *uḷ*: man bezeichnet mit *moreni* Elischê 28, 16 die βάτος des Moses von *mor*, mit *ḳnzoreni* (von *ḳnzor* apfel) den apfelbaum, mit *ṭṭeni* (von *ṭuṭ* maulbeere) den maulbeerbaum, mit *ṭzeni* (von *ṭuz* feige, vgl τῦκον Athenaeus 622ᵃ = σῦκον) den feigenbaum usw: aber man vergisst sich auch zu *hayreni* und *mayreni*.

es mag gleich hier erlaubt sein das baktrische *izaêna* zu behandeln, dessen nebenform *izaênya* dem armenischen *ayẓeni* bocksledern bis auf dessen völlig unerklärbares *a* genau entspricht, da der gegensatz von *izaêna*, nämlich *ubdaêna*, ein zurückgreifen auf neupersische bildungen nötig macht, welche eben erst erwähnt sind. Spiegel hat *ubdaêna* zu der wurzel gestellt, die wir als *weben* kennen: das grammatische ist ihm links liegen geblieben. wir würden uns mit *ubda* zufrieden gegeben haben: woher der zusatz? da ich, so gerne ich es täte, keine eranische grammatik schreiben darf, begnüge ich mich mit dem verweise auf das oben angeführte *nuḫustîn*, welches sich aus dem am letzten ende auf einen bruder des armenischen *naḳ* zurückgehenden *nuḫust* ebenso gebildet hat wie *râsṭîn* Fakhri 74, 22 129, 6 136, 17 aus *râst*, was ja auch ein particip (von *râz*) ist. *ubda* war zu sehr noch particip als dass der verfasser von vendidad 8, 23 es in seinem zusammenhange hätte verwenden können: auch der Grieche hätte dem χιτὼν τρίχινος nicht einen ὑφασμένον sondern einen ὑφαντὸν entgegengesetzt, wobei freilich sein τὸ schliesslich dasselbe war wie das dem

Baktrier allein unverwendbar erscheinende *da*. vgl aus der odyssee ὑφαντὰ εἵματα ν 218, ἐσθῆτα ὑφαντὴν ν 136 π 231.

azdâ.

Es mag erlaubt sein unter die baktrischen ein altsüdpersisches wort aufzunehmen, welches man für das baktrische wörterbuch arg gemissbraucht hat. in den keilinschriften findet sich dreimal *azdâ*, das Spiegel (die ältere litteratur ist mir in Schleusingen nicht zugänglich) wohl nach dem vorgange der früheren ausleger mit unkunde übersetzt. gerade das gegenteil wäre richtig. in α 10 der inschrift von Bagistana spreche ich *draika* uud nehme dies für das neupersische *ďrég*: der zusammenhang macht die spiegelsche auffassung von *azdâ* völlig unmöglich. wenn das heer keine kunde von des Smerdis ermordung hatte, konnten auch keine lügen in den provinzen über Smerdis umgehn (man setzte, aber stillschweigend, voraus er lebe), wohl aber, falls sein tod gemeldet war: dann konnte man den tod leugnen und dann konnte ein falscher Smerdis auftreten. und in der inschrift von Nakhsch-i Rustam übersetze *adatay azdâ bavâti* dann ist kunde = dann wirst du wissen.

es ist mir nämlich völlig undenkbar dass *azdâ bavâti* etwas anderes bedeuten sollte als das armenische *azd elani*. man denke an *azd elev i tun paṛavoni* ἀκουστὸν ἐγένετο εἰς τὸν οἶκον Φαραὼ Gen 45, 2: *azd elev Rebekay* ἀπηγγέλη Ῥεβέκκᾳ Gen 27, 42: *azd elev nma* ἀπηγγέλη αὐτῷ Lc 8, 20: *ibrev azd elev inž nenguṭean* μηνυθείσης μοι ἐπιβουλῆς Act 23, 30: *azd elev inž* ἐδηλώθη μοι Cor α 1, 11.

aži.

Die Armenier brauchen *iž* für ἔχιδνα Mth 3, 7 12, 34 23, 33 Lc 3, 7 Act 28, 3: ἀσπὶς Ps νζ 5 ϟ 13 ρλθ 4 Dt 32, 33. über den ruf, in welchem gerade die in den zuerst angeführten stellen genannte ἔχιδνα stand, kann man sich leicht aus der am letzten ende dem physiologus entnommenen stelle meiner materialien II 17, 2—11 unterrichten. *iž* ist *aži* und dankt sein *i* erst dem genetive der regelrecht dem *aži* entsprechenden form *ež*. dieser musste *eži* lauten und wurde ungenau *iži* gesprochen: erst aus ihm bildete sich der nominativ *iž*. dass *Aždahâ Aždahak* und Ἀστυάγης dasselbe sind, wusste man seit LaCroze und den Whistons: erst die baktrische philologie hat die urform *aži dahâka* erschlossen. vgl jetzt noch abhdl 293, 29 ff.

âbereta.

âbereta entspricht dem neupersischen *âwardah* herbeigebracht. in meinen abhandlungen habe ich 18, 7—21 einen als ארטוברט in das syrische übergegangenen pflanzennamen besprochen, welchen ich yascht 17, 14 wiederfinde, indem ich *ê* in *niberetê âberetê* als akkusativendung der mehrheit nehme. das ארטוברט kam aus Sagistân: dies würde also dem verfasser jenes yascht ein fremdes land sein. grammatisch decken sich *nibereța âbereta* mit ארטוברט nicht vollkommen, sachlich — wenn ich nicht irre — völlig. das φάρμαχον steht neben gold und silber, wie Reg ; 10, 11 die עצי אלמגים zwischen זהב und אבן יקרה als aus Ophir gebracht genannt werden.

bakta.

Bakta vd 5, 8 hat Spiegel richtig „durch zufall“ übersetzt. der Armenier setzt *bakt* Gen 30, 11 Isaj 65, 11 (wo ich die Nanaea erkannte: abhdl 16, 22) für τύχη. Eznik β 1 übersetzt *Zrovan* abhdl 149, 20 mit *bakt:* vgl β 7.

dass *bakta* mit *bakś* zusammenhängt, ist aus Ezniks ausdruck 150 ⁝⁞ 'i *baśks baktis* leicht zu erweisen. *baśk* entspricht einem nicht erhaltenen baktrischen *bakśa* und steht Mal 1, 3 für δόμα (*dahamun* für δόμα Num 28, 2 ist ableitung von einem von dem nicht vorhandenen *dah* = *dâtra* herstammenden zeitworte *dahel*).

band.

Armenisches *bant* δεσμωτήριον Mth 11, 2 Act 5, 21 werden alte hdss sicher *band* schreiben: das particip der mit *paiti* zusammengesetzten wurzel (*patuast* = *paitibaçta* = *paiwast* = *pratibadda*) lieferte ein schwaches *patuastel* ἐγκεντρίζειν Sap 16, 11 Rom 11, 17 23. sonst gehört her *paravand* fessel.

çafa.

Das armenische *smbak* ὁπλή Ez 26, 11 oder πούς [Ez 32, 2] Isaj 5, 28 gilt nur vom pferdehufe gegen *kólak* (vgl Ex 10, 26 Lev 11, 3 4 7 26 Dt 14, 6—8 Mich 4, 13): das wort gehört den Parthern an. das formell entsprechende neupersische *sunbah* bedeutet jetzt nicht mehr huf (man nennt diesen *sunb* oder daraus verderbt *sum*), aber Hariri 495, 3 braucht noch das daraus entstandene *sunbak.* aus *sunbah* erfahren wir dass die wurzel des armenischen *smbak* das baktrische *çif* ist: denn *sunbîdan* ist soviel als *suftan*: *suft* verhält sich zu *çif* wie *ruswâ* zu *raêṭw* von *ri* (unten) oder baktrisches *zoiżda zôiśnu*, armenisches *zôś*[1]) zu neupersischem *ziśt*. mit der von mir 1851 aufgestellten vergleichung von *çafa* mit armenischem *smbak* ist es also nichts: ich hoffe dass sie mir nicht zum zweiten male werde nachgeschrieben werden. 1851 war noch verzeihlich, was jetzt auch dilettanten in der armenischen philologie nicht mehr durchgehen darf.

es scheint angebracht darauf zu verweisen dass der schmirgel persisch *sunbâdah*, arabisch Qazwînî I 228, 21 Dimischqi L *sunbâḍaġ* von eben der wurzel *çif* genannt wird: Römers mineralogie 141.

„*çafa* vd 99, 13 [Spiegel: = 9, 11 Wgd] = armenischem *sep*", was ich 1854 drucken liess, mag bestand haben. vgl abhdl 265, 7.

çaokavaṇṭ.

Wenn der Perser schwört, wird feuer wasser und brod neben ihn gestellt und er hat ausdrücklich in der eidesformel anzuerkennen dass er vor den amschaspands stehe, unter ihnen vor Chordâd und Mordâd, die vor ihm seien und die er essen müsse: das brot muss er essen, das wasser trinken. daher erklärt sich die redensart *saugand ḫwardan* einen eid schwören, eigentlich nützliches essen, da wasser und brot gewiss sogar *çaokavaçtema* hätten heissen dürfen.

Çavahi.

Dem Arezahi steht ein östliches karschvare gegenüber, dessen name *Çavahi* kaum auf etwas anderes als die bekannte stadt *Sâwah* zwischen Rai und Hamadân bezogen werden kann: Yâqût muschtarik 239 Qazwînî II 258, 30ff. ich kann in Schleusingen nicht weiter kommen. habe ich mit meinen erklärungen geographischer namen des avesta recht, so setzt die litteratur, in welcher diese karschvares genannt werden, einen mittelpunkt in Atropatene voraus.

çru.

Das neupersische *surûdan*, welches lautlich dem baktrischen *çru* vollkommen entspricht, muss eine falsche bildung sein: der imperativ lautet nicht *surav*, sondern *sarâ*, und die bedeutung

1) in zusammensetzungen für αἰσχρὸς Tit 1, 11 Tim α 3, 8 Petr α 5, 2: αἰσχρὸν allein *anpatch* Cor α 11, 6 14, 35: *anteli* Eph 5, 12.

ist die von *sarâîdan* hören machen = hersagen singen. man erwartet für *çrâvayêiti* allerdings *sarâft* oder *sarâwad*, doch erweckt *sarâad* kein grosses bedenken. so bleibt *surôd* gesang = baktrischem *çraota* die einfachste ableitung der wurzel *çru* im neupersischen: *ô* gesichert durch den reim Fakhri 14, 21.

die Armenier nennen das ὑπερικὸν *sṛohund*. die sogenannte bildung drängt die kunde von dem alten glauben unsres stammes immer mehr zurück. das beschreikraut habe ich in Schleusingen noch in anwendung gefunden, ebenso das liebstöckel: das hartheu hat einst auch zu zaubereien gedient, wie auch seine namen Johanniskraut, Johannisblut, hexenkraut, teufelsflucht erhärten: näheres habe ich nicht erkunden können. so gebe ich als vermutung dass *sṛohund* ein baktrisches *çraoṭravaṇt* sei, mit zauberliedern begabt: endung wie in *ẓnund snund seṛund Sohund* (Moses 137, 27): vgl abhdl 214, 1 und die durch inschriften sicheren karisch-phrygischen städtenamen Βλάυνδος Κλάυνδα [Μύνδος?]? Resten lehrt II 234 dass das hypericum die eingeweidewürmer ausrottet: etwas aberglauben und der einheimische name des hartheus wäre mehr wert gewesen als diese selbstgewisse klugheit.

çtâtôratu.

Çtâtôratu vd 15, 9 enthält *ratu* nicht in der bedeutung herr, sondern in der herrschaft. einen *ratu* über ein einzelnes mädchen gibt es nicht, ein *ratu* steht immer über vielen, wie ich den baktrischen philologen auseinanderzusetzen gedenke, wann ich über armenisches *rat reteḷ* werde reden können. *çtâta* ist das neupersische אוסתאד. das die Araber als *'ustâḍ*, Moses von Khorên 137, 24 als *ostat*, die Griechen vielleicht (abhdl 185, 11) als ἰστάδης hörten. das karmadhâraya *çtâtôratu* ist zu übersetzen unter der herrschaft eines lehrers befindlich, ὑπὸ παιδαγωγὸν οὖσα Gal 3, 25. או vorne ist dasselbe was in *ustâdan* zum vorschein kommt, ein euphonisches.

çtôi.

Die Armenier haben ein adjektiv *stêp*. πυκναὶ ἀσθένειαι Tim *a* 5, 23 *stêp hivanduṭiünḳ*: προσευχὴ ἐκτενὴς Act 12, 5 *alôṭḳ stêp*. jetzt von dem adjektive äusserlich nicht zu unterscheiden das adverbium *stêp*. νηστεύουσι πυκνὰ Lc 5, 33 *pahen stêp*: πυκνότερον αὐτὸν μεταπεμπόμενος Act 24, 26 *stêp koċeaḷ zna*: παρεκάλουν αὐτὸν σπουδαίως Lc 7, 4 *alaċêin zna stêp*: ζητεῖ ἐπιμελῶς Lc 15, 8 *ḳndrê stêp*. als hauptwort erscheint *stêp* Macc α 2, 15 οἱ καταναγκάζοντες τὴν ἀποστασίαν *or stipav tagnapéin zapstambuṭiünn.* dazu ein zeitwort *stipeḷ* Elischê 48, 21: συνέχειν Cor β 5, 14: ἀναγκάζειν Mth 14, 22: ἐφεστάναι Act 28, 2: ἐπικεῖσθαι Lc 23, 23: ἐπιμένειν Ioh 8, 7 (moskauer druck von 1834). *stipiḷ* συνέχεσθαι Act 18, 5.

der genetiv *çtiptôis ravatô* yascht 13, 123 scheint mir von dem akkusative *çtôi rapeṇtem* yaçna 34, 4 und dem von Westergaard zu dieser stelle citierten genetive *çtê rapaṇtąm* yascht 24, 6 nicht getrennt werden zu dürfen. in dem für mich ungünstigsten falle dass *Çtipti* und *Ravaṇt* des farwardinyascht zwei personen sein sollten, kann ich mir noch durch die verweisung auf Ewalds geistreiche anmerkung zu Paral α 25, 4 helfen: vorläufig halte ich *Çtipti Ravaṇt* für ein ἓν διὰ δυεῖν. mit dem *çtê* des sehr verderbten letzten yascht kann ich nichts anfangen: *çtôi* scheint mir von *çtaêva* oder *çtaêvya* hergeleitet werden zu müssen: ich denke an die umlautung von *Haraêva vîdaêva havya*, von denen die ersten beiden (vgl *ayañhaêna*) ein im akkusative angewandtes nebenthema *Haraêvya vîdaêvya* gehabt haben müssen. *çtaêvya* würde *çtiv* zur wurzel haben, während *çtipti* auf ein härteres *çtip* wiese: wenn nicht *ḳśvaêwa* (allerdings mit *w*) neben *ḳśvipta* geradezu nur Eine radix anzusetzen gestattet. *Çtipti-Ravaṇt* ist der eiferer-freuer, einer der sich eifrig oder häufig freut, γηθόσυνος. *çtôi* ist dem sinne nach das oben belegte, nahe verwandte *stipav* der Armenier. griechisch würde man *çtôi* durch κομιδῇ oder κομιδῆ (ablativ oder dativ) übersetzen, um allen mir bekannten stellen des yaçna, in denen es vorkommt, gerecht zu werden: man kann ja nicht blos κομιδῇ μεθύειν, sondern auch κομιδῇ πάντες und κομιδῇ νέος sagen. κατὰ κράτος erinnere ich mich nicht bei adjektiven gelesen zu haben, sonst könnte auch dies für *çtôi* dienen.

das lateinische *stiva* scheint zu derselben wurzel wie *çtaêva* zu gehören. *stiva* = ἐχέτλη heisst der pflugsterz, mit welchem der ackernde die schar in den boden drückt (*stipê*).

çtu.

Στόμα bedeutet schwerlich das glied, mit welchem gott gelobt, sondern das, durch welches gesprochen wird. so muss STU eine weitere bedeutung gehabt haben als das baktrische *çtu* und das neupersische *sutûdan* wort haben wollen. Perser und Armenier besitzen aber noch wörter, die beweisen dass auch in Eran *çtu* sprechen bedeuten konnte. persisches *ḫastû* (neben dem *hastû* angegeben wird) eingestehend eingeständniss erklärt sich aus *ḫwa-stû* selbst sagend. *ḳostowan elev* braucht der Armenier Ioh 1, 20 für ὡμολόγησεν: *ḳo* ist der stehende vertreter für *ḫwa* in den vokabeln der parthischen periode. *ḳostowanuṭiün* heisst ganz gewöhnlich sowohl das glaubens- als das sündenbekenntniss, *ḳostumn* ἐπαγγελία Act 13, 32.

çuć.

Das in Persien so gewöhnliche *çuć* ist am Ararat gar nicht vorhanden, ableitungen fehlen nicht ganz. *çaoka* bedeutet im baktrischen noch brand, das entsprechende indische *çoka* und neupersische *sôg* übertragen trauer, die Armenier haben es ohne guna als *sug*, woher ihnen *sgaḷ* trauern, *sgavor* (wo die Perser mit Fakhri 59, 18 302, 21 *sôgẹwâr* sagen würden) betrübt. von ihrem beissenden, tränen erregenden geschmack und geruch heisst die zwiebel persisch *sôḫ*, armenisch *soḳ* (κρόμμυον Num 11, 5). für πορφυρίων setzt der Armenier Lev 11, 18 Dt 14, 17 *soḳak*: ein entsprechendes neupersisches *sôḫah* ist nicht überliefert: das tier heisst so von seiner roten farbe, wie denn Indier Baktrier und neuPerser für rot von der wurzel *çuć* alle tage *çukra çuḳra surḫ* sagen. *ć* ist erhalten im armenischen *soġi* tanne oder fichte, das ein baktrisches *çaoćya* voraussetzt und brennbar bedeutet: *noġ*, dem Ciakciak *soġi* als art der gattung unterordnet, läuft im persischen als *nôġ nôz nôž* um: *noġ* κυπάρισσος Iob 40, 12 Isaj 37, 24 Ez 27, 5 31, 3 Reg δ 19, 23. neben *nôġ* usw gibt es im neupersischen *nâġu nâžu nâž*, dessen *â* zum *ô* jener sich fast verhält wie das von *nâr anâr* granatapfel zum *u* des armenischen *nurn* ῥοιά.

ćaḳra.

Die Perser haben *ćaḳra* als *ćarḫ*, die Armenier als *ġaḳr*. daher *ġaḳreḷ* Baruch 3, 17 *or ẹnd ṭrćuns erḳnis ġaḳrẽin* οἱ ἐν τοῖς ὀρνέοις τοῦ οὐρανοῦ ἐμπαίζοντες: Thren 4, 19 *ibṛev zar-ṭovis erḳnis 'i weray leṛans barzans ġaḳregin* ὑπὲρ (so?) ἀετοὺς οὐρανοῦ ἐπὶ τῶν ὀρέων ἐξέπτησαν: Sap 19, 9 *ibṛev ẓis ġaḳregan* ὡς ἵπποι ἐνεμήθησαν. hier gibt א die besserung des von Nannius mit recht angezweifelten ἐνεμήθησαν an die hand, das ט (stichos 1032 der turiner hds) und ס schon lasen: א (freilich „einige" 1805 rnd und text von 1860 *ġaṛakesan*) wird ἐγυρώθησαν gehabt haben, aus dem ἐγαυρώθησαν zu machen ist. γαυροῦσθαι Num 23, 24 vom löwen gebraucht konnte so gut vom pferde gesagt werden als γαυριᾶν Iob 39, 21.

ći.

1854 liess ich drucken dass armenisches *wḉir* „wohl als *wazîr* [vgl jetzt Enger ZDMG XIII 239ff] in das arabische aufgenommen sei". jemand, der nicht einmal (wie sein *azand* für *aland* sekte zeigt) die armenischen buchstaben richtig lesen kann, hat dies in lateinischer schrift excerpiert und in seiner art nachher in die schrift Mesrobs zurückübertragen: so ist denn mindestens zweimal der welt ein gar nicht vorhandenes armenisches *wzir* als mutmassliches original des arabischen *wazîr* angeboten: von mir ist nicht die rede: αὐτὰρ ἐγὼν βασεῦμαι ἐμὰν ὁδόν.

die sache verhält sich so: ich lernte in den 13 jahren zu. *vîći*, im neupersischen *guzî-dan*, auseinanderlesen auswählen. davon *vîćira*, was ich nicht anders als entscheidend übersetzen kann, *is qui scit et edicit quid opus sit factu.* das neupersische *gizîr* (man erwartet *guzîr*) verhält sich dazu wie *gidast* zu *vîtaçti* abhdl 33, 19. dass das armenische *wḉir* damit zusammenhängt, ist sehr klar: identisch kann es nicht sein, da kein abstracta-bildendes *ra* vorhanden ist (unter *daḍa*), auch *r* (unter *ḫar*) abfall eines konsonanten sogar erwarten lässt. *wḉir* Macc β 3, 23: πέρας Hebr 6, 16: ἀπόκριμα Cor β 1, 9: mehr anderswo.

das particip *wḉit* = neupersischem *guzîd* hat seinen ursprünglichen sinn „auserlesen" ganz verloren und bedeutet klar, vom verstande wie vom lichte gesagt.

daḍa.

Daḍa hat sich nur in zusammensetzungen erhalten, *azrôdaiḍi fradaḍafšu vîdaḍafšu.* es entspricht dem neupersischen *dad*, das wie *dadah* in einigermassen alten hdss stets den zweiten dental *ḍ* schreibt. die ableitung von *ḍâ* kann nicht zweifelhaft sein: ist die grundbedeutung geschöpf? oder (der reduplikation gemäss) ungeheuer?

azrôdaiḍi findet sich vd 18, 65 als adjektiv zu *vehrka* wölfin: die männliche form musste *azrôdaḍa* heissen. Spiegel erklärt jagdmachend (er hätte vielleicht *šikârî* Fakhri 124, 20 125, 18 [und oft] vergleichen können), indem er *azra* dem griechischen ἄγρα gleich setzt und dies von *az* ἄγειν ableitet.

agere wie ἄγειν bedeutet leiten. *agmen* ist der vom anführer geleitete zug, *examen* für *exagmen* der bienenschwarm, an dessen spitze die königin steht, ἀγέλη die der obhut des hirten befohlene heerde zahmen viehes; ἄγειν καὶ φέρειν bedeutet das erbeutete vieh[1]) und das erbeutete tote eigen aus des feindes lande nach der heimat befördern, ersteres in beaufsichtigtem zuge, letzteres auf wagen. ἄγειν liefert allerdings auch eine auf die jagd bezügliche ableitung: κυνηγέτης heisst der, welcher die hunde am leitseile auf den jagdgrund (τὸ κυνηγέσιον) bringt, aber nie ist es das wild, welches ἄγεται. bei Xenophon κυνηγ 6, 12 13 geht der jäger mit den hunden πρὸς τὴν ὑπαγωγὴν τοῦ κυνηγεσίου und betet zu Apollon und Artemis nun μεταδοῦναι τῆς θήρας. sonach muss ἄγειν durchaus ungeeignet erscheinen ein hauptwort für jagd zu liefern: unser ganz neues „treiben“ hat Spiegeln irre geführt. sehe er sich nur einmal ein treiben an, er wird bald gewahr werden dass er keine jagd sieht. ἄγρα (accent nach Herodian περὶ μονήρους λέξεως 38, 10) würde aber auch, falls es von ἄγειν stammte, ein affix ρα enthalten, dessen natur freilich noch nicht aufgehellt ist, von welchem sich aber doch mit sicherheit behaupten lässt dass es für abstraktbildungen nicht vorkommt: im baktrischen vollends scheint mir *ra* als endung eines abstraktums durchaus unerhört. wer aber diese gründe gegen die gleichstellung von ἄγρα und *azra* nicht gelten lassen will (und man erlebt allerlei), den bitte ich zu erwägen dass ἄγρα die erste lang hat so gut wie seine ableitungen ἀγρεῖν (ἀγρεῖτε bei Homer so abgeschwächt wie *tenez* bei den Belgiern) und ἀγρώσσειν. näher ist dies ohne eine sehr lange auseinandersetzung über homerische prosodie und metrik nicht darzulegen: ich will nur die eine stelle besprechen, welche dem oberflächlichen blicke dagegen zu sein scheinen könnte: in der odyssee μ 329–332 heisst es:

ἀλλ᾽ ὅτε δὴ νηὸς ἐξέφθιτο ἤια πάντα,
καὶ δὴ ἄγρην ἐφέπεσκον, ἀλητεύοντες ἀνάγκῃ,

---

1) zu dem auch die sklaven gehören, welche bei den Griechen ihren namen ἀνδράποδα offenbar nur im gegensatze zu den τετραπόδοις erhalten haben, mit denen sie zu derselben gattung gehörten. bei den lieben werden die häupter gezählt: aus ältester hirtenzeit haftet noch bei uns von häuptern rindvieh zu reden. vgl auch die anrede φίλη κεφαλή und der Antigone ὦ κοινὸν αὐτάδελφον Ἰσμήνης κάρα. vgl auch zu Proverb 27, 23.

ἰχθῦς ὄρνιθάς τε, φίλας ὅ τι χεῖρας ἵκοιτο,
γναμπτοῖς ἀγκίστροισιν· ἔτειρε δὲ γαστέρα λιμός.

hier ist ἤιον deutlich eine ableitung des im griechischen verlorenen hauptwortes, das lateinisch *os*, baktrisch *aoṅh*, indisch *ās* lautete und von dem das frühe zu παρειά verhunzte παρήιον abstammt. dem mundvorrate muss natürlich ungeniessbares entgegenstehn: ungeniessbar scheinen uns fische und vögel nicht: nach dieser stelle — man mag über ἄγρην denken wie man will — kamen sie dem dichter ungeniessbar vor. Jean Potage liebt was John Bull mit der schnöden bemerkung er sei keine kuh ablehnt, *greens*, *vegetables*, *cabbages*: so können sehr wohl den Griechen in der epischen zeit ἰχθύες und ὄρνιθες den ἠίοις gegenüber gestanden haben. kurzweg: ἄγρη ⏑ — bedeutet von γράω, dem bruder des indischen *gras* abgeleitet „nicht essbar": ἄγρη — — gehört zu der wurzel, die hinten verstärkt im sanskrit *grab grah*, im baktrischen *garew*, bei uns *greifen* heisst: das α in ihm ist die praeposition *ā*. κρεάγρα ποδάγρα χειράγρα haben alle mit ἄγειν nichts zu tun: die gabel, welche im topfe oder auf dem teller nach fleisch „jagen" muss, ist eine moderne erfindung: die griechische sprache ist nicht von beamten des neunzehnten jahrhunderts gemacht: κρεάγρα heisst fleischgreifer usw. endlich ζωγρεῖν lebendig greifen erledigt die sache völlig, da in ihm noch das einfache γρέω zum vorscheine kommt.

dā aber = θη bedeutet in eine lage oder zu stande bringen, darum kurzweg schaffen. wollte man den akkusativ eines jagd bedeutenden wortes dazusetzen (und ἀνδροκτόνος ist ja doch ὃς ἄνδρα κτείνει) so würde die so entstandene redensart nur den sinn haben können eine jagd veranstalten: ἄγραν θεῖναι etwa wie ἀγῶνα θεῖναι den kampfpreis aussetzen, an welche handlung sich der wettkampf anschliesst. jeder sieht ein dass eine wölfin nie eine jagd „veranstaltet".

die „jagdmachende" wölfin dürfte hiermit beseitigt sein.

in dem *azra* von *azrôdaḍa* sehe ich das im armenischen *ezr* lautende wort, welches grenze bedeutet. Prov 8, 26 *têr arar* ... *zezers bnakeals 'i nerhoy erknis* κύριος ἐποίησε ... ἄκρα οἰκούμενα τῆς ὑπ' οὐρανόν. Ps ρλη 9 *tê* ... *bnakesais zezers xowu* ἐὰν ... κατασκηνώσω εἰς τὰ ἔσχατα τῆς θαλάσσης. Apoc 22, 2 *zezerb getoyn asti ev anti* τοῦ ποταμοῦ ἐντεῦθεν καὶ ἐκεῖθεν. davon *tiezerḳ* οἰκουμένη Sap 1, 7 und oft. vgl das indische *atyanta*. wie nun *ezraxirani* vorhanden ist Isaj 3, 22 (gr 21) περιπόρφυρον am rande purpurn, mit purpurnem saume, so kann auch *azrôdaḍa* erklärt werden tier in der grenze, waldraubtier. JGrimm hat in den kleinen schriften II 32 gelehrt[1]) dass die urbedeutung von *mark* keine andre als wald sein kann: über das vielfach mit *mark* verglichene persische *marz* belehrt jetzt Melgunow ZDMG XXI 233: ich erinnere auch an das armenische *mayri*. in einem gebirgslande wie Armenien (das nach *ʒor* oder χειμάρροι eingeteilt wird) ist der wald, dem das bauland vom grunde aus allmälig nur und kaum auf den leib rückt, notwendig die grenze des gebietes. für ὅρος gilt den Armeniern (im plurale gebraucht) *sahman*, in welchem ich 1854 neupersisches *sâmân* und eine ableitung der wurzel *çañh* erkannte: dies wort meint die grenze, sofern sie von der obrigkeit bestimmt und gesetzt ist. in Palästina, das wenig wald hat und von den wald nicht achtenden Semiten bewohnt war, redete man von זְאֵבֵי עֶרֶב Amb 1, 8 Soph 3, 3: Homer nennt λύκοι ὀρέστεροι Odyss κ 212, die wenigstens ungefähr erklären was der vendidad mit der *vehrka azrôdaiḍi* meint.

daz.

In Eran muss der zarathustrischen bestattungsweise leichenbrand vorhergegangen sein: das für das brennen der leichen übliche *daz* kam mit dem brennen selbst in vergessenheit oder in verruf: ableitungen davon erhielten sich.

zu diesen rechne ich zunächst *daḳma* selbst, das von dem unrechtmässig für *ǵ* eingetretenen *ḳ* geschützt wurde: niemand dachte an die abstammung des wortes von *daz*. abhdl 20, 7 v. u. die Armenier haben *dagal* und *dagel* totenbare, rost, κλίνη Reg β 3, 31 Moses β 60 (138, 4): sie haben adjektive *dag* und *daž* brennend beissend kaustisch, von denen das letztere baktrischem *dâžu* entspricht. wenn sich neben dem gleichbedeutenden *dažan* auch *daržan* angegeben findet, so beweist das nicht gegen mich. unorganisches *ṛ* kennen die Armenier auch anderswo, welches ich auf rechnung der turanischen sprechorgane der eranisierten Parther setze. ich habe an den Juden die bemerkung gemacht dass ihnen vielfach, auch wenn sie von ihrer muttersprache keine ahnung mehr haben, χ zu sprechen unmöglich ist: χαράττω erhält ש als anlaut trotz eifrigster be-

1) schneidt ist heute nicht blos, wie 36 gesagt wird, niederdeutsch: wir haben bei uns die schneid (Schnett) zwischen Franken und Thüringen.

mühung ש zu vermeiden: im affekte kommen selbst bei solchen Juden, deren familien mitten in der deutschen kultur leben, sogar die nationalen kehltöne wieder zum vorscheine. ähnlich mag es bei den nach Armenien gekommenen Parthern gewesen sein, welche einen — ich möchte sagen — kehlvokal gehabt haben müssen, der in den unorganischen *ṛ* von *ṭoṛšak* für *ṭošak* abhdl 217, 14 oder *baṛžanel* Elischê 260, 18 für *bažanel* nachwirkt.

das bekannteste derivat von *daz* im neupersischen ist *dâġ*, indischem für *dâġa* stehenden *dâha* entsprechend: Fakhri 47, 7 70, 10 11 14 86, 22 123, 7 198, 10 203, 6 204, 8 215, 11 usw.

dies *dâġ* bedeutet nicht bloss brandmal sondern auch kennzeichen, und berechtigt *daḳš* (woher *daḳštavanṭ* abhdl 35, 3) als weiterbildung von *daz* anzusehn, die so unregelmässig wäre wie *daḳma*.

wenn ich oben sagte die Eranier hätten in der grausten vorzeit die leichen gebrannt, so dachte ich nicht bloss an *daḳma* sondern auch an das armenische *nšḳaṛ* als beweis. es gibt im persischen wie im armenischen genug wörter, welche die praeposition *niš nš nž* enthalten, als dass ich nicht die trennung *nš-ḳaṛ* für zulässig erachtete. unbestreitbar im neupersischen: *nišḫwâr* das wiederkäuen oder die wiedergekäute speise von *ḫar* essen: *nišġardah* das schabemesser des schusters, vgl indisch *niškṛta* BR IV 245: im armenischen das schon von Windischmann grundlagen 21, 6 erkannte *nždeh*, das indischem *nirdasyu* (frei von räubern) entspricht, nur freilich mit der eranischen bedeutung von *dasyu* = *daḫyu* frei von der heimat, fremd: *nšmaṛ*, wozu *nšmaṛel* κατανοεῖν Lc 6, 41 Act 7, 31 27, 39 und *nšmaṛan* τεκμήριον Sap 5, 11 [wurzel baktrisches *mar* aus *hmar*, persisch *šumâr šumardan* hat *n* abfallen lassen wie *škunǵ* neben *iškunǵ* und *niškunǵ* steht]: *nškahel* siehe unter *kar*.

die Armenier haben nun *ḳaṛel* καυτηριάζειν Tim α 4, 2 [Ephr III 241, 11]: *ḳaṛan* κατάκαυμα Ex 21, 25: *ḳaṛoyk* πυρὰ Act 28, 2 3 Sap 17, 6: davon *ḳaṛukažin* ἔκλαμπρος Sap 17, 5. so ist der stamm *ḳar* für brennen völlig gesichert und ich darf *nšḳaṛ* für das erklären was vom brennen übrig geblieben. *nšḳaṛ* heiligenreliquien. Zenob von Glak 8, 27 14 $\frac{3}{3}\frac{9}{}$ 15 $\frac{1}{3}$ 10 16, 4 11 17, 26 24 $\frac{10}{11}$ 33, 4 usw: danach jedes übriggebliebene: περισσεῦον Mth 14, 20: περισσεύσαν Lc 9, 17: περίσσευμα

Mc 8, 8: κλάσμα Mc 6, 43 usw: *nškarel* περισσεύειν Ioh 6, 12 usw.

dru.

Das armenische leistet bürgschaft für das einstige vorhandensein eines neutrums *draotra* im baktrischen. man sagt *droh tal* einen wütenden anlauf nehmen, und soll nach dem wörterbuche für *droh* auch *drots* und *droyts* verwenden können, also pluralakkusative eines wortes, das im baktrischen *draoti* oder *draota* gelautet haben müsste.

fraša.

Es gibt ein armenisches adjektiv *hrašakert*, welches sich durch seinen zweiten teil sofort als dem parthischen bestande der sprache angehörig kennzeichnet. dies *hrašakert* steht für ἐξαίσιος Iob 4, 12 5, 9 [lex vindob 74, 14] und entspricht, wenn man die nicht in allen eranischen dialekten übliche[1]) verwandlung des auslautenden *a* des ersten kompositionsgliedes in *ô* abrechnet, buchstäblich dem baktrischen eigennamen *Frašôkareta* im Farwardinyascht 102. daraus folgt dass baktrisches *fraša* armenischem *hraš* entspricht, das sowohl substantiv als adjektiv ist. auch im baktrischen muss *fraša* beides gewesen sein, wenn auch meines wissens jetzt nur das adjektivum *fraša* belegt ist: *frašôkara* kann nur von einem substantivum herstammen = wundertäter, ebenso nach analogie des armenischen *dastakert* (mit der hand gemacht) *frašôkareta* (durch ein wunder entstanden) und jenes *frašôćaretar*, welches Windischmann (ohne vom armenischen kunde zu haben) in seinen zoroastrischen studien 237 belegt und das — mit der eben erwähnten ausnahme, buchstäblich — dem vom padre Ciakciak 901[a] aufgeführten, aber nicht erklärten armenischen *hrašaġartar* entspricht. ich übersetze *frašôćaretar* wundermeister: denn *ġartar* ist τεχνίτης Act 19, 24 38 Reg δ 22, 6 [wo א vom üblichen texte abweicht], τέκτων Dt 27, 15 — aber auch ποιητὴς dichter Act 17, 28[2]). vgl Elischê 137, 25.

es scheint der glaube verbreitet *frašem dataiti* bedeute dasselbe was *fraš dataiti* bedeuten würde, falls es in den tex-

---

1) meine abhandlungen 223, 10. | 2) durch zusammensetzung mit *pet* verstärkt für ἀρχιτέκτων Cor α 3, 10 Isaj 3, 3 — aber auch τεχνίτης (wenn es von gott gilt) Hebr 11, 10 und τέκτων (wo die geschicklichkeit besonders hervorgehoben werden soll) Reg β 5, 11.

ten sich auffinden liesse. ich kann mit dem *fraş dataiti* anderswoher dienen. *pardzdah* ist als *farazdaq* [Hamasa 329, 15 536, 9] ins arabische übergegangen und bedeutet das vom grossen teigfladen im ofen abgefallene und darum verbrannte stück brot.

frazdânu.

In Armenien gibt es einen fluss *Hrazdan*, an welchem Artaschês den stammvater des *tun Waraźnuni* ansiedelte, Moses von Khorên α 12 (29, 17) β 11 (84, 10). aus dem *or anuaneal kori* der ersten stelle schliesse ich dass die Parther den namen mitgebracht, der dem *Frazdânu* des yascht 5, 108 entspricht. Δανούβιος scheint mir *dânu*, ein von den nach Thracien und Phrygien wandernden Eraniern gegebner name, dem bei andern völkern Ἴστρος und Ματόας zur seite standen.[1]) wie hoch auch auf dem gebiete des jetzigen Rumäniens und Ungarns geographische namen trotz aller völkerwanderungen hinaufreichen, zeigt Herodots δ 48 Πόρατα Πυρετὸς = Pruth, Τιάραντος = Sereth, Ὀρδησσὸς = Theiss, Μάρις = March.

gaomaêza.

Nach meinem dafürhalten meinten die ältesten Eranier mit dem *gaomaêza*, das sie zu waschungen empfahlen, nichts anderes als regenwasser: die wolken sind der ältesten hirtenzeit bekanntlich himmlische kühe, deren harn der regen ist, wenn man anders so groben ausdruck hier brauchen will: regenwasser war das symbol unirdischer entsündigung. aus dem regenwasser der alten kindlichen religion machten die repristinatoren in ihrem götzendienste vor dem buchstaben, dessen geist sie nie geahnt, kuhpisse: aus dieser die rationalisten Armeniens das seifenkraut. *gaomaêza* war zu waschungen vorgeschrieben: nun wohl, *gaomaêza* nennen wir, um dem garstigen gebote in einem atem zu entgehn und zu genügen, was nach uns Linné als *saponaria officinalis* beschreiben wird, und was wir eigentlich mit einem als *uśnân* Qazwînî I 272, 18 Yâqût I 284, 16 auch zu den Arabern übergehn werdenden namen *ôśnan* (Eli-

---

1) trotz Eustathius zu Dionys 298: φησὶν ὁ γεωγράφος ὅτι ὁ Ἴστρος ποτὲ Ματόας ἐλέγετο, ὅ ἐστι κατὰ Ἑλλήνων γλῶσσαν ἄσιος (englisch wäre das *muddy*) καὶ ὅτι πολλάκις μὲν οἱ Σκύθαι δι' αὐτοῦ περαιούμενοι οὐδὲν ἔπασχον. συμφορᾶς δὲ ποτὲ αὐτοῖς ἐπεισπεσούσης ἡρμηνεύθη Δάνουσις ἢ Δάνουβις, ὥσπερ τοῦ ἁμαρτεῖν ἐκείνους αἰτίαν ἔχων, τουτέστιν αἰτιώμενος διὰ τοῦ τοιούτου ὀνόματος ὑπ' ἐκείνων κατὰ τὴν αὐτῶν γλῶσσαν ὡς αἴτιος αὐτοῖς δυστυχίας γενόμενος.

schê 173, 30) heissen. Resten I 321 kennt *gomêz* nicht, Ciakciak führt auch *gumêz gumiz* auf. die bedeutung kuhpisse (Ciakciak unter *gumêz* sagt „*ẹst Pa̧rsiş mêz orina*") hat *gomêz* (hdss auch *gowmêz ḫumêz*) bei Elischê 43, 14.

das seifenkraut heisst griechisch στρουθίον: Dioscorides β 193 στρουθίον γνώριμόν ἐστιν, ᾧ οἱ ἐριοπλύται χρῶνται πρὸς κάθαρσιν τῶν ἐρίων: in Persien muss eine von *marega* = *murģ* abgeleitete übersetzung dieses στρουθίον gegolten haben, da die späteren Griechen nach Langkavels buche über deren botanik seite 21 μεργίνη als synonymum von στρουθίον kennen.

übrigens haben die Armenier ein wort, in dem sich der baktrische genetiv von *gâo*, nämlich *gêus*, erhalten hat: *gêkur* heisst der trockne kuhmist: sowohl *ku* als *ḫakor* sind synonyma, die den mist nur nicht in trocknem, feuerungsfähigem zustande bezeichnen.

gaoyaoiti.

Gaoyaoiti hat schon Burnouf mit dem vedischen *gavyûti* zusammengehalten. ich denke dass auch das armenische *gaviṭ* identisch ist, das als unverstandenes wort (die kuh heisst armenisch *kow*) zu derselben zeit an den Ararat gewandert ist, in der *gavazan* abhdl 299, 9 dort ankam. *gaviṭ* αὐλή Mth 26, 69 Mc 14, 54 66 15, 16 Ioh 10, 1 16 18, 15: aus Ioh 10, 16 ist deutlich dass den Armeniern, als die evangelien von ihnen übersetzt wurden, noch nicht völlig das bewusstsein von der ursprünglichen bedeutung des wortes abhanden gekommen war.

guś.

Gaośa = neuem *gôś* ohr gehört formell zur indischen wurzel *ģuś* tönen schreien: ob eine wirkliche verwandtschaft stattfindet, muss ich dahingestellt lassen. zum indischen *ģuś* steht armenisches *guśak*, dem man doch parthischen ursprung ansieht. Macc β 8, 12 *Yudayi ĉin omanḫ, o̧r guśak ḷinĉin wasn* τῷ Ἰούδᾳ προσέπεσε περί: Cor α 10, 28 *o̧r guśakn elev* ὁ μηνύσας. davon *guśakeḷ* μηνύειν Lc 20, 37 Ioh 11, 56 (gr 57): δηλοῦν Petr α 1, 11.

1854 war ich noch dreist wie ein junger hase und setzte *zgoyś* zu jenem *ģuś*. ich hatte erkannt dass baktrisches *uç* im armenischen *s*, *uz* aber *z* sei, wie ich *ma̧rdos* ἀνθρώπων als *maret[an]qm haĉa* ansprach. ich denke jetzt *zgoyś* sei *uzgaośa* ὀρθὰ ἱστὰς τὰ ὦτα = *arrectis auribus*, habe also mit *ǵuš* höchstens dann zu tun, wenn *gaoša* zu *ǵuš* gehört. *zgoyš liniǵiṛ du* πρόσεχε σεαυτῷ Tobit 4, 15 (14 gr): *zgoyš ḷeṛ* πρόσεχε Sirach 7, 26 (gr 24): *zgoyš ḷeṛuh* φυλάξασθε Sap 1, 11 und sehr oft, wie auch *zgušanaḷ* überaus häufig ist.

ein anderes compositum von *gaoša* ist das neupersische *dǵôš* sklave, eigentlich ὑπήκοος.

ǵar.

Dem indischen *ǵar* werden drei verschiedene bedeutungen beigelegt: alt werden, sich in bewegung setzen, tönen. die Griechen kennen in der wurzel, wie γέρων und γῆρυς zeigen, wenigstens die erste und dritte dieser drei.

die Baktrier und Armenier zerfällen jenes *ǵar* in *zar ẓeṛ* und *ǵar žaṛ*: dass *zṛovan* = *Zrvâna* nicht *ẓ* im anlaute zeigt, beweist dass *zṛovan* ursprünglich den Armeniern fremd war und erst unter den Parthern oder gar den Sasaniden an den Ararat gewandert ist.

armenisch *ẓeṛ* Ephraim III 197, 26: γέρων Ioh 3, 4rd Iob 32, 9 Prov 17, 6 31, 23. *ẓeṛanaḷ* γηράσκειν Ioh 21, 18 Hebr 8, 13 Gen 27, 1 2 Ios 13, 1 23, 1 2 Ruth 1, 12 Reg α 8, 1 5 12, 2 Par β 24, 15 Iob 14, 8 Ps 37, 25 Prov 22, 6 (*paraveaḷ em* γεγήρακα Gen 18, 13 steht mit dem neupersischen *pârâw* altes weib zusammen). *ẓeṛuṭiün* Gen 24, 36 Prov 23, 22: γῆρας Gen 15, 15 21, 2 7 25, 8 37, 3 42, 38 44, 20 29 31 48, 10.

ǵar kommt als zeitwort bei den Armeniern nicht vor: mit *aiwi* wird davon *yôžaṛ* (für *ôžaṛ*) gebildet Iohannes Mamikonean 21, 23 (= *aiwiǵâra*) davon *yôžaṛeḷ* für *ôžaṛeḷ*: mit *fra hṛaǵaṛ*, das selbst früh verstorben eine menge kinder hinterlassen hat, unter ihnen das weit bekannte *hṛažaṛeḷ*.

Abgar, sagt Moses von Khorên β 33 (108, 6) *yôžaṛeṣav greḷ ṭulṭ*: ich denke am besten englisch *he volunteered to write a letter.* Elischê 4, 5 6 *têpêt oć yôžaṛiṣemḥ zṭšuaruṭiüns meṛoy azgis olbaḷ* obwohl wir keine neigung hatten die widerwärtigen geschicke unsrer nation zu beklagen. *yôžaṛeḷ* προαιρεῖσθαι Prov 21, 25: προθυμεῖσθαι Macc α 1, 13 [14 א] Par α 29, 5 (ebenda 14 17 *yôžaṛamit* bereitwillig gesinnt) usw.

aibiǵareti yaçna 70, 6 von den wassern gesagt nach *frâiti* und *paititi* wird mit dem armenischen *yôžaṛuṭiün* Moses 435, 20 Elischê 55, 29 60, 21 Iohannes Mamikonean 9, 31 ganz wohl übersetzt sein: die wasser sollen nicht blos kommen und gehn, sondern es auch an der nötigen munterkeit (προθυμία: vgl גֶּשֶׁם נְדָבֹת Ps 68, 10) nicht erwinden lassen. unsre Franken in Schleusingen sprechen von einem sittsamen regen, der ruhig strömend der ackerkrume wirklich zu gute kommt: muntere bäche lässt sich auch die abgeblasste redeweise der sogenannten gebildeten gefallen.

aibiģaretar bedeutet vielleicht gar nicht einen sänger (vedisch *ģaritar*) sondern den ermunterer, nämlich der opferflamme, die freilich angesungen, aber doch auch tatsächlich durch holzzulegen usw angefacht wird.

dem *yôžareḷ* gegenüber steht *hṛažareḷ*. παραιτεῖσθαι Lc 14, 18 19 Tim α 4, 7 5, 11 β 2, 23 Tit 3, 10 Hebr 12, 19 25: ἀποτάσσεσθαι Cor β 2, 13 Act 18, 18 21 Mc 6, 46 Lc 9, 61 14, 33: also das absagen und versagen unsrer älteren rechts- und glaubenssprache.

wie nun die Baktrier von *ģar* ein *ģaresti* gebildet haben (im neupersischen *ģarist* erscheint ein *ģareçti*), mit dessen hülfe sie das weithinhallende steppenland im nordosten *vouruģaresti* nannten, so die Armenier von *hṛažareḷ* ein *hṛažeṛšt*, welches jetzt sein zweites *ṛ* eingebüsst hat und als *hṛažešt* mit *hṛažaṛumn* gleichbedeutend ist: das fehlen des *ri* von *ģaristi* in *hṛažešt* beweist dass *ģaristi* προπαροξύτονον war.

ģira.

Dem baktrischen *ģira* entspricht armenisches *žiṛ*. Prov 6, 11 *ibṛev zžiṛ surhandak* ὥσπερ ἀγαθὸς δρομεύς. *žiṛ* ἀνδρεῖος Prov 10, 4 11, 16 13, 4 15, 19: wo ἀνδρεῖος vom weibe gesagt wird, braucht der Armenier nicht *žiṛ* sondern *žṛagluḳ* Prov 12, 4 31, 10 Sirach 26, 2 28, 19 (gr 15): einen *žiṛ* zum haupte habend.

haêna.

1854 hiess ich armenisches *hên* mit indischem *sênya* vergleichen: es entspricht genau dem *sení*, baktrischem *haêna*. *hên* πειρατήριον Iob 10, 17 19, 12: λῃστήριον Paral β 22, 1: πειρατής Iob 25, 3. *hiniv* oder *hini elaneḷ* πειρατεύειν Gen 49, 19 [18 armen].

haiṭya.

Haiṭya dankt *i* und das *h* von *ṭ* dem *y*, ἐπεὶ wie *satya* der Indier sind ursprünglicher. bei den Armeniern entspricht *yayt*, ein sehr gebräuchliches wort, das nicht belegt zu werden braucht.

hazaṅha.

Der anfang des vierten fargard des vendidad ist durch Rückert (bei Spiegel) bedeutend verständlicher geworden, doch sind noch einige bemerkungen nötig.

zunächst darf das baktrische *nemaṅh* dem neupersischen *namâz* nicht gleichgesetzt werden. da das *nemaṅh* in einer bewegung im raume bestand, bildete man das wort ebenso mittelst der sylbe *aṇé* weiter wie so viele praepositionen: erst dieser weiterbildung ist *namâz* gleich.

ferner bedeutet *namâz burdan* nie etwas anderes als seine verehrung bezeigen: da das zoroastrische Persien dem muhammedanischen im *namâz burdan* nicht nachstand, ist durchaus unglaublich dass diese technische redensart jemals die bedeutung gewechselt und dass sie jemals das habe bedeuten können, was Rückert unbegreiflicher weise sie bedeuten lässt, wenn er *nemôbara* durch wegnahme des grusses erklärt: *nemôbara* kann nur den begrüssenden bedeuten. *paiġâmbar* ist weder wegnahme des wortes noch auch nur wegnehmer des wortes: *dilbar* herzensdieb ist die einzige mir gegenwärtige ausnahme von dem sprachgebrauche, und zu einem abstraktum wegnahme schwingt sich auch da der Perser nicht auf: herzensdieberei oder fähigkeit herzen zu stehlen heisst *dilbarî* [1]).

die Armenier brauchen *haziv* (offenbar den instrumental eines nominatives *haz*) für μόλις Act 14, 17 (18 gr) 27, 7 8 16 Rom 5, 7 Petr α 4, 18 Sap 9, 16 Sirach 29, 7 (6 gr) 35, 10 (7 gr) und μόγις Lc 9, 39: „kaum" = nur mit anstrengung, wie auch μόγις sicher nur ein *locativus pluralis* von μόγος und so ziemlich = μόγοις ist. dadurch ist wenigstens die möglichkeit erwiesen dass ein instrumentalis von *hazaṅh* adverbiale bedeutung erhalten kann. ich übersetze: der ist des grusses dieb durch vergewaltigung des grüssenden, so gut als ob er mit *force majeure* dem grüssenden etwas genommen. schärfer kann man die höflichkeit nicht einprägen. ǒχ̣a?

ich will hier die vermutung anknüpfen dass für *hazô* yt 19, 80 *haznô* zu lesen sei. die stelle ist dadurch dunkel dass

---

1) *dilbar* Fakhri 89, 13 101. 10 107. 19 112, 8 117, 9 12 123, 20 141, 21 142, 3 146, 2 158, 1 165, 22 172, 7 174, 12 175, 20 177, 14 189, 17 197, 13 17 200, 8 203, 4 206, 9 233, 6 239, 9 240, 7 269, 10. *dilbarî* 240, 14.

wir über die stellung der *ǵainis* zu den *druḱs* nicht unterrichtet sind, die etwa der unsrer moosweibchen zum wilden jäger entsprochen zu haben scheint. ich kann mir nicht helfen, so oft ich an die stelle komme, verlockt mich *gerezândo* dazu die es umstehenden worte auf dem weinen analoge körpertätigkeiten zu beziehen: so übersetze ich *çnaoḍentis* (da ich mir einbilde englisches *sneeze* gehe auf ein althochdeutsches *sniuzan* zurück, das ich in Schleusingen nicht auftreiben kann) πταρνυμένας und mein *hazno* (von *hazan*) mit βησσούσας: *haz* ist im armenischen das alltägliche wort für den husten.

hu.

Das baktrische *hu* gut erscheint im armenischen als *h.*

hlu ὑπήκοος Prov 21, 28 muss zur wurzel des aorists *lovay* ich hörte gezogen werden, deren praesens sich von *lsel* bildet. Jäger vermutete ἐπήκοος.

hmayh Eznik 184, 18: οἰωνισμὸς Num 23, 23: οἰώνισμα Reg α 15, 23 Hier 14, 14 wie *hmayel* οἰωνίζεσθαι Gen 30, 27 44, 5 15 Lev 19, 26 Reg γ 20, 33 δ 17, 17 und κληδονίζεσθαι Dt 18, 10 Reg δ 21, 6 Par β 33, 6. *hmut* Elischê 92, 21 143, 33 144, 14: ἐπιστάμενος (von Balaam) Num 24, 16. diese erläutern das baktrische *humaya humâya*, welches vielleicht geradezu mit οἰώνισμα wiederzugeben ist.

hnazand ὑπήκοος Ios 17, 13 Prov 13, 1 enthält *hu* und das particip der wurzel, welcher das neupersische *nâz nâzenîn nâzuk* angehören: *nâzandah* könnte man am besten gefällig in dem doppelten sinne dieses deutschen eigenschaftswortes übersetzen. ich ziehe *nazda* = indischem *naḍḍa* bei und denke an *nâhuśa*, welches Boehtlingk und Roth benachbart nachbarlich übersetzen.

hnar = neupersischem *hunar* = baktrischem *hunara* muss der abstammung nach zunächst εὐανδρία bezeichnen oder εὐηνορία in dem bei Euripides nicht seltnen sinne. Homer redet in der odyssee δ 622 vom εὐήνωρ οἶνος und ν 19 vom εὐήνωρ χαλκός: er meint wohl nur die güte zu bezeichnen. die Armenier brauchen *hnar ê* für δυνατόν ἐστι Mth 26, 39 Mc 13, 22 14, 35: *hnaravor* δυνατὸς Mc 9, 22 (23 gr) 14, 36 (gegensatz *anhnarin* Mc 10, 27). am gewöhnlichsten ist *hnar* im sinne von μεθοδεία Eph 6, 11 (*hnarel* MosKh 321, 21: κατασοφίζεσθαι Ex 1, 10 Act 7, 19), aber diese bedeutung hat sich erst aus der im persischen üblichsten der kunstfertigkeit durch neigung nach der schlimmen seite hin entwickelt: *hnareḷ* für τεχνίζεσθαι Sap 13, 11: ἐπινοεῖν Sap 14, 2 oder ἐπινοεῖσθαι Sap 14, 14. genau entspricht das griechische τέχνη mit seinem doppelsinne. so versteht sich wie der vendidad 13, 8 einem hunde *hunara* zuschreiben und diesem hunde einen andern gegenüber setzen kann, der zum schützen dient: gemeint ist der schoosshund, an dessen abrichtung auf spielereien narren sich freuen. *Hnarakert* mag eine burg wie die der kronenwächter Arnims gewesen sein Moses 78, 6 17: kunstreich gemacht, im gegensatze zu der von natur uneinnehmbaren.

hupâta las ich yt 14, 12 im superlative von frauen ausgesagt: warum sollte es nicht das armenische *hpatak* Elischè 25 $\frac{13}{14}$ Gregor Narek 389 $\frac{20}{21}$ sein? ὑπήκοος (gefügig) Prov 4, 3: *hpatak ḷeguh* προσκαρτερήσομεν Act 6, 4 14 (kommentar 119, 27): *hpatakuṭiün* Elischê 141, 15: τὸ εὐπάρεδρον Cor α 7, 35.

den interessantesten fall habe ich bis zuletzt aufgespart. armenisches *hzôr* entspricht dem aus Eran (Fakhri 318, 17) entlehnten arabischen *hizabr*: deutlich steckt *zôr*, also baktrisches *zdvare* (*zôr* wurde früher *zavr* geschrieben) in diesem worte, mit welchem der name „huzvaresch" nun endlich ein wirkliches verständniss erreicht. „huzvaresch" ist die sprache der *hzôrh*, diese *hzôrh* sind aber niemand anders als die pahlawanen der Perser, der parthische adel, welcher über der *dihqân* Qazwînî II 202, 24 239, 30 244, 8 genannten gentry alteinheimischen ursprunges in den einzelnen *pahlavh* sass und von diesen den namen *pahlawî*, armenisch *pahlavik* führte. die physische abstammung dieser barone mag gewesen sein welche sie will — Moses erzählt von mehr als einer nationalität fremdester art, die unter ihnen vertreten war — ihre sprache war ohne frage der eranische dialekt, welcher am parthischen hofe geredet wurde: dieser erhielt den namen baronialdialekt, weil er dem vom volke geredeten gegenüberstand und nur im laufe der zeit mit diesem sich verschmolz. da die Arsaciden im winter in Ktesiphon am Tigris hof hielten und die in der umgegend dieser stadt geredete syrische sprache in ihrer kanzlei zur korrespondenz mit den arabischen schutzverwandten zwischen dem Euphrat und dem Libanon diente, erklärt sich einerseits wie in das pehlewi semitische elemente eindrangen (man denke an die sprachmengerei in Deutschland zur zeit Ludwigs XIV, etwa in Lucae europäischem Helikon), andrerseits wie die aramäischen dialekte (namentlich der von Tekrit und Tirhân = Ἄτρα) so viel eranische wörter aufnehmen konnten.

für das einfache *zôṛ* stehn mir so viele beispiele zu gebote, dass ich nicht eines anführe ausser ὄχλος Dan 11, 11 13: für δύναμις in jeder bedeutung wird man fast stets *zôṛuṭiün* finden. enthalten ist *zôṛ* in *zôṛapet zôṛagluk zôṛawaṛ* heerherr heerhaupt heerführer = general: diese wörter sind in täglichem gebrauche: durch die konkordanzen unter στρατηγὸς ἀρχηγὸς ἡγεμὼν kann ein zweifler beweise in menge bekommen: *zôṛawaṛ* στρατολογήσας Tim β 2, 4. *zôṛažolow elev* Reg δ 9, 14 συνεστράφη: ob Isaj 29, 8 ἐπεστράτευσαν in συνεστράφησαν zu ändern ist? Dan 11, 40 steht *zôṛažolow ligi* für συναχθήσεται. freilich Zach 14, 12 stimmt für die alte lesart bei Isajas. die ursprüngliche bedeutung kraft zeigt sich in *zôṛavoṛ* in der auffälligen stelle Mth 19, 26 *ar yastuzoy amenayn inč zôṛavoṛ* παρὰ θεῷ πάντα δυνατά, wo schwerlich der text echt ist. ἰσχυρὸς und κραταιὸς Sap 6, 9. *zôṛagoyn* ἰσχυρότερος Mc 1, 7 Lc 3, 16 Cor α 1, 25 10, 22. *zôṛanal* ἐνδυναμοῦσθαι Hebr 11, 34. *hzôṛ* nun hat, dem einfachen *zôṛ* entsprechend, zwei bedeutungen. einmal bedeutet es den welcher gute kraft, dann den welcher eine gute politische macht oder ein gutes heer hat. *hzôṛ* Moses 144, 31 145, 8: ἰσχυρὸς Mth 3, 11 12, 29 Mc 3, 27 Lc 11, 21 22 Cor α 1, 27 4, 10 usw: ἰσχύων Isaj 5, 22: δυνατὸς Cor α 1, 26 Sap 6, 7 usw: δυνάστης Lc 1, 52 Act 8, 27 Tim α 6, 15 Gen 49, 24 usw (was sonst auch durch *zôṛavoṛ* gegeben wird Iud 5, 9[alex] Iob 12, 19 vgl aldina Par β 23, 20: auch Nahum 3, 18 schreibe *zhzôṛs* für *zzôṛs*). Iohannes Mamikonean lässt den Surên 37, 20 29 als anrede an Smbat *išḳan hzôṛ* sagen: ich denke das sei der etikette gemäss gewesen. auf verlangen stehn über 200 beispiele zu diensten, die meine zeit jetzt zu ordnen nicht gestattet.

pahlav nun, von dem einmal ein adjektiv *pahlavik*, andererseits ein ursprungswort auf *âna*[1]) (vgl *âtwyâna Gaêtômerençyâna Haoçravaṅhâna Haêčataçpâna* usw) gebildet wird, das neupersisch *pahlawân* lautet, dies *pahlav* findet sich bei Moses von Khorên ausserordentlich oft: das register der Mekhi-

1) über den zusammenhang desselben mit dem pluralbildenden *ân* rede ich anderswo: vgl ZDMG XII 571.

tharisten 634[b] machte meine eigenen sammlungen ziemlich überflüssig. Rückert glaubt ZDMG VIII 315[1]) dass im königsbuche *pahlaw* „stadt wohnort residenz" bedeuten könne: hätte er je den Moses von Khorên gelesen, in dem allein (wenigstens für mich) armenisches *pahḷav* vorkommt, so würde er wohl der vokabel die bedeutung „baronie" und allenfalls „schloss des barons" gegeben haben.

indem ich mir alles weitere auf die zeit verspare, in der ich endlich einmal das eranische königsbuch werde benutzen können, und auf meine dann zu veröffentlichende abhandlung über die armenische verfassung unter den Parthern verweise, will ich nur noch das verhältniss von *pahḷav* zu *pahlû* berühren. *pereçđum* vd 8, 54 kann nicht von dem *pereçu* abgeleitet werden, welches vd 6, 16 in *pereçumaçaṅh* vorkommt. kommt *gđum* von *gđo*, so *pereçđum* von *pereçđo*, welche form ich schon 1854 angab. *pahlaw* ist *pereçđo* (abhdl 19, 36), *pahlû* (die semitische schrift erzwingt *û*) *pereçu*: Spiegel „huzvaresch"grammatik 42 nimmt um die pehlewiform פאארו zu erklären, umstellung von *pereçu* zu *peçru* an. *pahlû* im stabreime mit *puśt* Behàristân 63, 11: vgl ebenda 63, 18 65, 17. mir kommt der ausdruck sehr turanisch vor: die Türken verglichen Eran mit einem braten, einem rückenstücke, dessen rippen den einzelnen adligen zufielen. vgl abhdl 60, 9 ff und ändre das bei dem falschen Moses gedruckte *ḥapkolḥ* nach Elischê 64, 31 in *kapkoh* den berg Kaf Qazwini I 170, 12—171, 2.

ḥaftu.

In dem zaubernebel der yaçnalieder habe ich mich noch nie wohl gefühlt: ich ertaste meinen weg nicht gern. so bin ich nur rein zufällig auf yaçna 53, 4 und von da auf die besonnene und gelehrte, aber nicht zum ziele gelangende abhandlung Spiegels über *haftu verezĕna airyaman* ZDMG XVII 58 gekommen.

ich muss Haug ZDMG VII 511 darin recht geben dass yaçna 53, 4 zwei imperative der ersten person vorliegen, die

---

1) ich bemerke ein für alle mal dass der pariser druck des schahnamah mir nicht einmal leihweise zugänglich ist und dass auch Turner Macans ausgabe, welche lange jahre hindurch in der berliner bibliothek nicht zu finden war, von den sammlungen, welche sie besitzen, sehr natürlicher weise nicht gern nach Schleusingen hin verliehen wird, ich also trotz aller liebe zu Eran seinen Homer nicht benutzen kann.

Spiegel seitdem auch in seinem texte 52, 4 deutlich bezeichnet hat. *çpered* muss das armenische *sprdeḷ* sein hineinführen, meistens heimlich: daher *sprdôl* ein sich einschleichender, παρείσακτος Gal 2, 4. ganz genau wie im yaçna heisst es in der armenischen übersetzung des Judasbriefes 4 *sprdesin mtin omanḫ* παρεισέδυσάν τινες: das erste zeitwort ist, wie ich durch eine sehr ausführliche, hauptsächlich die semitischen sprachen berücksichtigende abhandlung dereinst nachzuweisen denke, im deutschen mit einem adverbium wiederzugeben. die hochzeitsceremonien Baktriens (das lied scheint mir ein hochzeitslied) kenne ich nicht, daher ich auch von einer eigentlichen übersetzung des *çpereddnî varânî* abstehe.

dass nun *ḫaêtu* von *ḫa* herstammt ist sonnenklar. es muss verwandt sein mit dem parsi *ḫat*, neupersischem *ḫwad* (so noch Behâristân 65 $\frac{1}{1}\frac{6}{7}$), dessen derivat *ḫwadah* die Armenier etwas auffällig als *ḫatak* kennen (= wesenheit, wesen). der sinn wird derselbe sein wie im neupersischen *ḫwêś*, das ebenfalls eine abstraktbildung und wohl aus *ḫwadaś* zusammengefallen ist wie *pêś* aus *padaś*: das parsi hat nach Spiegels grammatik § 56 schon *ḫêś*. am nächsten entspricht dem *ḫaêtu* das neupersische *ḫôy* anlage, naturell, temperament.

damit scheinen mir alle von Spiegel aao angeführten stellen des yaçna verständlich zu werden. ich übersetze nur die, welche er selbst zuerst nennt 33, 3 „wer der beste . . . ist, sei es durch angeborne anlage, sei es als ein handelnder (meine abhandlungen 34, 4[note]: Fakhri 226, 9 10 275, 19), sei es durch *airyaman*“, wobei die technische bedeutung von *verezêna* und *airyaman* noch dunkel bleibt: das neupersische אירמאן habe ich in einem texte nie[1]) gelesen, weshalb ich es nicht zu verwenden wage: ebensowenig kenne ich das armenische *aṛman* (woher *zaṛman*) anders als aus dem lexikon.

beiläufig: *verez* habe ich im armenischen *goṛẓeḷ*, *haća* 1854 in dem *s* des armenischen *genetivus pluralis* erkannt, so dass *mardos* = *maret[an]qm haća* wäre. wie nun, wenn yaçna 46, 1 *verezênâ hêćâ* das armenische *participium futuri* wäre? *goṛẓeḷos* einer der tun will. der *çâçtar* hatte dem Zarathustra

---

1) einmal traf ich אירמאני, bei Fakhri 151, 9: wenn du in Chorâsân markgrafenwürde besitzest, warum suchest du anderswo gastfreundschaft?

seine bekehrung in aussicht gestellt: mit der aussicht war der mann von *Erânvêǵ* nicht zufrieden, er will die bekehrung selbst und verlässt Baktrien, als er sie nicht erreichen kann. der sogenannte gâthâdialekt muss, die echtheit der lieder vorausgesetzt, altmedisch sein, also in nächster verwandtschaft zum haikanischen stehn. und solcher sturm und drang wird nicht nachgemacht.

ḫar.

Man ist gewohnt im baktrischen drei verschiedene wurzeln *ḫar* anzunehmen, denen man die bedeutungen essen leuchten tadeln (verletzen) zuschreibt. ich möchte nur zwei gelten lassen.

ḫar leuchten ist nur in dem substantive *ḫarenaṅh* und dessen ableitungen erhalten. wie dem alten *zairinaêna* ein neues *zarrîn*[1]), dem alten *parena* ein neues *parr*, dem alten φέρνης in Ινταφέρνης = *Viṃdafrâna* (vgl *Baṛzapṛan* Moses von Khorên β 19 (92, 20) gegen Βαρζαφάρνης Iosephus ἀρχ ιδ 13, 3 πολ ἰουδ α 13, 1) ein neues *farr* (abhandl 149, 22), so entspricht dem alten *ḫarenaṅh* ein neues aus *ḫwarrah* zusammengesunkenes *ḫurrah*, neben welchem die leichteren formen *ḫurah* und *ḫwarah* hergehen. vermutlich brauchte die sprache *ḫarenaṅh* mit dem aus *farr* zu erschliessenden *parenaṅh* als reimende technische formel: *parenaṅh* fülle bezeichnete die irdische machtvollkommenheit des königs, *ḫarenaṅh* deren überirdischen grund.

ḫar verletzen tadeln (hier gibt man schon die eigentliche und eine übertragene bedeutung zu gleicher zeit an) entspricht dem neupersischen zeitworte *ḫalîdan*, welches *l* erhielt zur unterscheidung von der eben behandelten wurzel *ḫar* leuchten. in dem mit *ḫara* vendidad 4, 30 34 37 identischen *ḫalah* wunde hat sich das verloren gegangene *w* noch einigermassen in der aussprache *ḫulah* erhalten, welche neben der *ḫalah* ausdrücklich angemerkt wird. ich habe längst das deutsche *schwäre* dazu gehalten und die wurzel im armenischen *ḫeṛeḷ* ξύειν Iob 2, 8 [?] ἀποξύειν Lev 14, 41 43 erkannt, von welcher *ḫeṛan* stammt τρίβολος Reg β 12, 31 und' *ḫeṛuaṣ* ὁ χοῦς ὁ ἀπεξυσμένος Lev 14, 41.

das armenische zeitwort wird ebenso oft übertragen ge-

1) so mit doppeltem *r* abhdl 10, 2 anmkg Fakhri 27, 9 39, 5 usw.

braucht als das persische: jeder der beiden eranischen dialekte geht aber seinen eigenen weg.

im persischen wird das verwunden oder verletzen zum tadeln: daher *ḫwâr* verachtet (*ḫwâr* leicht ist als gegensatz zu *duśwâr* aus *hu* und *wâr* zusammengesetzt), *ḫurdah* tadel. es wird weiter zum essen, eigentlich zermalmen (*manger* ist auch aus *manducare* entstanden): *ḫwardah* gegessen wird jetzt von *ḫurdah* zermalmt und in folge davon klein durch die schrift wie durch die aussprache unterschieden.

für die übertragenen bedeutungen von *ḫeṛel* genüge es zwei stellen anzuführen: Sap 18, 16 οὐρανοῦ ἥπτετο *ar erknivḫ ḫerēr* = er streifte den himmel, kam dicht an ihn hinan: Macc α 10, 78 *môt ḫerēr ar daśtivn.*

die Armenier haben aber in der parthischen zeit verschiedene ableitungen des persischen *ḫwardan* in ihre sprache aufgenommen, welche *ḫwa* durch *ḳo* geben, während in altarmenischen wörtern für *ḫwa* der Perser *ḫa* oder *ḫe* steht.

am deutlichsten ist *ḳoṛtik*, das neupersischem *ḫwardî*, baktrischem *ḫareti* entspricht und das î der endung mit der in der Pehlewisprache üblichen stütze *k* versehen hat. Elischê 107, 20: ἔδεσμα Gen 27, 4 7 9 14 17 31 Dan 6, 18 Prov 23, 3: βρῶμα Reg β 13, 10. davon *ḳoṛtkaṛar* μαγείρισσα Reg α 8, 13. vgl Gawâliqî 56, 14.

ḳoh speise lässt ein baktrisches *ḫaretra* erschliessen: *ḳohakeṛ* μάγειρος Reg α 9, 23 24 Ez 46, 25: *ḳohakeṛel* μαγειρεύειν Thren 2, 21: *śinealḫ ḳohakeṛas* μαγειρεῖα Ez 46, 23. da im persischen *l* für *tr* eintreten kann, scheint erlaubt auch *rtr* durch *l* wiedergegeben zu glauben und *ḫwâlegar* abhdl 18, 26 ff = *ḳohakeṛ* zu setzen.

ḫurdah klein lautet im pehlewi אורטק. die Armenier kennen noch die urbedeutung zermalmt, und zwar allein. ihr *ḳoṛtak* bezeichnet Ciakciak als *voce moderna*, man kann aus jenem אורטק schliessen mit wie übelem fuge: die volkssprache, welche so viel altes erhalten hat, gilt diesem viertelsgebildeten durchweg als entartung. *ḳoṛtak* selbst habe ich nie gelesen: wenn jemand das wort haufen bedeuten lässt, muss er den beweis erbringen, sonst werde ich annehmen er habe bei Ciakciak *rotto* gefunden und dies als das deutsche *rotte* verstanden, da es doch = *ruptus* ist. das von *ḳoṛtak* abgeleitete *ḳoṛtakel* ist alltäglich: es genüge hier dass es Mc 5, 4 Lc 9, 39 Rom 16, 20 Gen 19, 9 für συντρίβειν steht.

über *aḳor* vgl abhdl 70, 20.

sind *ḳortik ḳoh ḳortak* und *aḳor* sicher von *ẖar* entsprungen, so kann ich dies von *ḳot* nicht mit gleicher sicherheit behaupten: mir scheint dies mit dem arabischen *qut* [meine materialien I 24, 29] identische wort (*qût* ist allgemeiner) aus *ḳort* verstümmelt zu sein, das ursprünglich nur *ẖareta ẖward[ah]* wäre. *ẖareṭa* wird mit dem leicht abfallenden genetive *géus* zusammen für viehfutter gesagt. baktrisches *ṭ* stimmt nicht zu armenischem *t*, eher (oben *gaoyaoiti*) umgekehrt: ק für *ḳ* abhdl 70, 18.

iś.

Bekannt ist das *frâisayam* (ich schickte) der grossen inschrift von Behistân. im sanskrit ist das hauptwort *preśa* mit seinen ableitungen nichts weniger als selten. hierher gehört *fraśsyéiti* yt 14, 36 im sinne von und im gegensatze zu שלח Levit 14, 53. das armenische *hreśtak* (engel) ist kein ureinheimisches wort, sondern (wie aus dem schliessenden *ak* folgt) in der Partherzeit entlehnt: es zeigt in seinem *e* ältere gestalt als das neupersische entsprechende *firiśtah*, dessen ältere richtigere form *firêśtah* (die Armenier hörten unter den Arsaciden *frêśtak*) mir in texten nie begegnet und nur aus dem wörterbuche bekannt ist.

kaẖareḍa.

Kaẖareḍa = armenischem *kaḳard* γόης Tim β 3, 13: φαρμακεὺς Apoc 21, 8: φαρμακὸς Ex 7, 11 9, 11 22, 18 (17 hbr) Hier 27, 9 [λδ 7] Dan 2, 2 Mal 3, 5. daher *kaḳardasar* περίεργα πράσσων Act 19, 19 (im alten kommentare 343, 29 ohne erklärung): *kaḳarduṭiün* Elischê 34 $\frac{1}{4}$ 137, 14: φαρμακεία Gal 5, 20 Ex 7, 11 22 8, 18 Apoc 18, 23 (wo die glosse *delatovuṭean* im texte) Isaj 47, [9?] 12 Sap 12, 4 18, 13. unbezahlbar für yt 3, 9 ist was Moses von Khorên β 61 (139, 21 ff) schreibt, weiber aus dem geschlechte des Aschdahak hätten in dem rufe gestanden den Artavazd bei der geburt *kaḳardeḷ*: die sänger (*ergiċẖ*) fabelten drachengeborene hätten das kind Artavazd gestohlen und einen dev für dasselbe untergeschoben.

ḳaoḍa.

Das baktrische *ḳaoḍa* entspricht nicht dem neupersischen *ẖûḍ*, dem nicht allein durch die ausdrückliche angabe der meisten einheimischen lexikographen, sondern auch (was schwerer ins gewicht fällt) durch das arabische, in welches es hinübergenommen ist, der vokal *û* gesichert ist, während *ḳaoḍa* ein *ô* verlangen würde. *ḳaoḍa* ist vielmehr das seltnere *ḳôy*, wie *baoḍa* bekanntlich *bôy*, *ṛaoḍa rôy*.

kar.

Schösslinge der wurzel *kar* sind durch die Parther an den Ararat verpflanzt worden.

baktrisches *kara* am ende von zusammensetzungen lautet bei den neuPersern *gar*, bei den Armeniern *keṛ*. (neupersisches *digar digar* ist indisches *aḍikara.*) wie jenes *gâr*, so hat dieses *kâṛ* neben sich; vgl etwa *kamakaṛ* Hebr 10, 26 Exod 36, 2 = *kâmegâr.*

kereta gemacht erscheint bei den Persern als *kard*, in zusammensetzungen (meist städtenamen) als *gard gird* [*Bâigird* Yâqût I 468, 16 usw], bei den Armeniern als *keṛt* (abhdl 221, 14), woher *keṛteḷ*. das neupersische *kardan* ist diesem *keṛteḷ* nicht gleichzusetzen: *kardan* ist *kartum*, das supinum der reinen wurzel, *keṛteḷ* ein derivat des participiums der reinen wurzel. hierher das von den Arabern als *daskaran* (Gawâliqî von Sachau 67, 9) übernommene *dastakeṛt* Moses α 16 (38 $\frac{11}{14}$) β 7 (75, 21) β 42 (119, 22) Iohannes Mamikonean 9, 1 Elischê 59, 29.

kâra fehlt wohl im baktrischen, die Armenier haben *kâṛ*[1]), die Perser *kâr*. von *kaṛ* der adverbiale kasus *kaṛi*[2]), sonst *kaṛeḷ*[3]) mit *kaṛôl*[4]) und *kaṛevoṛ*[5]), weiter *kaṛavan*[6]), das formell neupersischem *kârewân*[7]) entspricht; *kaṛapet* furier (jetzt gewöhnlicher beiname Johannes des täufers und als *Garabjed* vorname). *tkaṛ*[8]) und *apikaṛ*[9]), auch *ankaṛ*[10]) kraftlos, neupersisch (abhdl 6, 21) *figâr*[11]) *figâl afgâr augâr* mit höchst auffallender praeposition. *kârezâr*[12]) der Perser erwähne ich um des syrischen כריזר willen. *kartra* ist abhdl

1) δύναμις Mth 25, 15. | 2) σφόδρα Gen 26, 16 Dt 17, 17: auch in zusammensetzungen. sonst vgl Lc 7, 6 Exod 36, 5 Reg δ 4, 14. | 3) *arer forza* usw Gregor Narek 397, 28. | 4) ἀνδριζόμενος Hierem 2, 25: ἰσχύων usw. | 5) ἐνεργής Cor α 16, 9: εὐπερίστατος Hbr 12, 1: ἀναγκαῖος Act 10, 24: πιστός Dt 28, 59. | 6) Elischê 33, 21 34, 30. | 7) Fakhri 275, 3 286, 14 296, 16. | 8) ἀσθενής Iob 4, 3: ἀσθενῶν Reg α 2, 4 Par β 28, 15 usw. Gregor Narek 391, 25. | 9) ἀσθενής Sap 13, 18 (gr 17): vgl Macc β 11, 12. | 10) Moses 460, 32 Mth 19, 26. | 11) Fakhri 70, 9 159, 11. | 12) Fakhri 19, 14 36, 12 74, 1 222, 20 270, 19.

297, 21 aus dem armenischen *kah* nachgewiesen. daher *nškahel* ἀθετεῖν.

von den zusammensetzungen der wurzel mit praepositionen erwähne ich nur *šikâr* jagd, da das pehlewi noch die volle praeposition *viškâr* erhalten hat (kaum *niškâr* zu lesen): vgl neupersisches *biškardan* und *iškâr* Fakhri 247, 9. ähnliche verstümmelung sehe ich in *špiṛh* Dt 28, 50 usw für das daneben noch vorkommende *dšpiṛh*, und anderswo.

das armenische *dḱem* ist offenbar = persischem *dužḫêm* Fakhri 51, 9 166, 13. daraus dass das einfache *ḱem* im armenischen fehlt und dass *ḱ* einem aus *ḫw* abgeschwächten *ḫ* der Perser gegenübersteht (stamm SVA), schliesse ich dass *dḱem* nicht ursprünglich armenisch ist: daraus dass persischem *ê* nicht *ê*, sondern *e* entspricht, folgere ich dass *dužḫêm* von den Armeniern in einer zeit aufgenommen wurde, in welcher das persische *ê* nur noch *é* lautete, um sich bald zu *î i* zu verdünnen, wie wir dies an *daêna* beobachten können. das Elischê (unten *ṭkaêša*) als *den* kennt, und wie *ḫêm* selbst jetzt als *ḫim* umläuft, obwohl die baktrische gestalt desselben nur *ḫaêma* gewesen sein kann.

ganz ebenso nun schliesse ich aus der form des armenischen *payḫar* Elischê 147, 24 dass erst sasanidische heere es nach Armenien schleppten. persisch *paikâr* Fakhri 131, 7 132, 11 167, 11: armenisches *patkar* Iohannes Mamikonean 18, 4 zeigt zum überflusse dass *pratikar* am Ararat eine ganz andere bedeutung hatte als im eigentlichen Eran.

ḱratumanṭ.

Neupersisches *ḫiradmand* entspricht dem baktrischen *ḱratumanṭ* haarscharf: es bezeichnet stets den lebensklugen. Fakhri 5, 8 56, 15 71, 7 150, 5 224, 7 251, 4 259, 10.

ḱšap.

Von *šab*, dem neupersischen vertreter des alten *ḱšap*, stammt *šabî* nachtrock. dies empfiengen die Armenier von den Parthern als *šapik*, das jetzt das lange altargewand der priester bezeichnet.

ḱšnâ.

Dass einst eine wurzel *ḱšnâ* mit der bedeutung wissen in Eran umlief, folgt für einen mit dem neupersischen mässig vertrauten gelehrten aus dem *ḱšnûṭ* wissenschaft yaçna 51, 9. vgl die zusammensetzungen von *mâ râ çâ*: *andûdan andây*, *bâlûdan bâlây*, *rubûdan rubâ*, *afzûdan afzây*, ja sogar von dem unrichtig der analogie der übrigen auf *ûdan* folgenden *çtu sutûdan sutây*. *ḳênâ* kann im neupersischen nur *šinûdan* lauten oder *šunûdan*. auch hindert nichts hören als specialisierung des erkennens gelten zu lassen: die nebenform *šinîdan* ist jetzt im gebrauche, früher galt auch *šunaftan*, so dass der imperativ *šinav šunav* (man erwartet von *ḳênâ šinâ*) nicht wunder nimmt, er wurde von einem nebenthema gebildet. dies nebenthema *ḳênu* lieferte auch das *ḳênava*, welches dem neupersischen in zusammensetzungen üblichen *šinav* entspricht.

ḳênûṭ braucht das yaçna 51, 9 für die geschicklichkeit der kämpfer; das stimmt zum neupersischen *šinâ šinav*.

dass *šinâḫtan šinâs* eine schon in den keilinschriften als *ḳsnâç* vorkommende weiterbildung von *ḳênâ* ist, erwähne ich, da es ganz bekannt ist, nur der vollständigkeit halber.

ḳstâvaṇṭ.

Da ein affix *vi* im baktrischen nicht vorhanden ist, *ḳstâvi* also yt 13, 37 38 einen stamm *ḳstâv* haben muss, suche ich auch in *ḳstâvaṇṭ* yt 7, 5 nicht das affix *vaṇṭ*, sondern *aṇṭ*. sowohl die Armenier haben *štap* Macc α 10, 83 β 3, 21 6, 9 10, 28 Elischê 48, 17 als die Perser *šitâb*. so gut wie Fakhri 186, 16 vom schah sagt er sei mit dem heere *šitâbân* geworden (*šudan* hier fast noch in der bedeutung des baktrischen *šu*: nach dem *farhang-i šu:ûrî* bedeutet שׁפּא im pehlewi geh her, komm). so gut konnte ein Baktrier den *maôṅha* = *mâng*, den wanderer der nächte, *ḳstâvaṇṭ* nennen.

ḳstąmi.

Ohne mich auf eine erklärung der stelle über den hund Madhaka im vendidad 1, 15 einzulassen, will ich doch bemerken dass ein dem *ḳstąmi* genau entsprechendes armenisches *štem* nicht zwar allein, aber in der zusammensetzung *štemaṛan* in sehr gewöhnlichem gebrauche ist. *štemaṛan* ist gebildet wie *aṛḳayaṛan* königsburg, *ǵragaṛan* leuchter, *ditaṛan* warte, *ǵemaṛan* gallerie arkadengang, *žolowaṛan* versammlungsort, *haṛsnaṛan* brautkammer, *waṛžaṛan* schule, *sṛbaṛan* kirche, *wkayaṛan* Elischê 39, 5 49, 15 und viele andere[1]): es kann also

1) Avedikhean hat in seiner grammatik 221 – 241 eine in 13 kapitel verteilte übersicht der armenischen wortbildungssuffixe, aus der man bequem sich versorgen und den schein eignen reichtums um sich verbreiten kann.

keinem zweifel unterliegen, dass einst *śtem* für sich gelebt hat. Paral α 9, 27 ἐπὶ τῶν παστοφορίων *'i weṛay tanś śtemaṛanaśn* usw. *śtemaṛan* ist vorratskammer (für wein öl äpfel käse holz mehl), *śtem* würde also vorrat bedeutet haben. danach könnte man aus der stelle des vendidad etwa den sinn herausbringen dass die sünder am Etymander dem hunde Madhaka seine vorräte (an leichen) vermehren helfen. *ḳśtąmi* wäre nach meiner auffassung ein neutrum im nominative oder akkusative. Gregor Narek 395, 35 Mal 3, 10 Lc 12, 24 [neben *hambaṛanoś* ἀποθήκη, vgl abhdl 12, 24 materialien I 68, 6 Yâqût I 368, 4 Gawâlîqî 15, 1] usw.

ḳśuçta.

Nach den lautgesetzen entspricht baktrisches *ḳśuçta* neupersischem *śustah*. *âhan-î śustah* heisst im neupersischen rostfreies eisen, *ayaṅh ḳśuçta* wird, obwohl nach dem 15 gesagten *ayaṅh* und *âhan* unverwandt sind, dasselbe bedeuten. Fakhri irgendwo *baṣabr' în zangẹ* (abhdl 42, 2) *râ az dil baśôî* mit geduld wäschest du diesen rost vom herzen. 166, 22 224, 10 zu verschiedenem vordersatze derselbe nachsatz:

siyah śud rôy-i nâm-i man bayak nang: [vgl 188, 17
agar âlûdah śud gôhar bayak nang, — 227, 17]
naśôyad âb-i çad daryâ az ô zang:

schwarz wurde das antlitz meines namens durch einen schandflecken — wenn der glanz [der klinge: Hammers ZDMG X 540 citierter aufsatz ist mir nie zugänglich gewesen, ich weiss aus mir jetzt unerreichbaren texten dass *gôhar* = armenischem *gohaṛ* ein technischer ausdruck der schwertfeger für das gleissen des eisens ist] durch einen einzigen schandflecken beschmutzt ist: das wasser von hundert meeren wäscht [dann] von ihm den rost nicht ab. die Perser (αὐτὸς γὰρ ἐφέλκεται ἄνδρα σίδηρος odyssee π 294 τ 13) nennen das eisen ja auch *rôy* gesicht, können es also füglich auch waschen lassen. vgl sonst Fakhri 66, 7 70, 6 111, 10 129, 1 145, 21 150, 8 152, 2 274, 21 289, 2.

ḳumba.

Für die erklärung von vendidad 8, 31 glaube ich schon in den abhandlungen 55, 18 ff etwas gesorgt zu haben: ich werde den zweiten topf jetzt dem ersten nachwerfen, hoffend dass auch er auf nimmerwiedersehen zerbreche.

das baktrische *ḳumba* entspricht völlig scharf dem armenischen *ḳumb*. dies steht bei Elischè 100, 23 etwa für schaar.

bei Moses von Khorên β 5 (73, 26) befindet sich ein heerführer *'i méç kmbi meżi* = in der mitte eines grossen haufens. Reg β 18, 29 *kumb meż* τὸ πλῆθος τὸ μέγα. davon dann *bazmakumb* und *yołowakumb* zahlreich Moses 530, 30 und vor allem *aškarhakumb*, nach Ciakciak soviel als das von ihm *congregato da [di] tutto il mondo* übersetzte *aškarhagumar*. ich traf das wort bei Moses β 66 (146, 26 27) *Walarš tôn aškarhakumb kargeaš 'i skzban ami noroy* = Walarsch ordnete ein von aller welt zu besuchendes fest auf den anfang des neuen jahres (Fakhri 182, 1) an, eine πανήγυρις. danach ist der *daêvanąm kumba* des vendidad ein versammlungsort der dewe: vgl Mth 12, 44 παραλαμβάνει μεθ' ἑαυτοῦ [τὸ ἀκάθαρτον πνεῦμα] ἑπτὰ ἕτερα πνεύματα πονηρότερα ἑαυτοῦ καὶ εἰσελθόντα κατοικεῖ ἐκεῖ.

vielfach wird *kumb* und das von ihm abgeleitete *kmbel* als ein technischer ausdruck der soldatensprache verwandt, den ich nicht übersetze: die stellen mögen selbst hier stehn. *kmbeśav paterazmn* Iohannes Mamikonean 35, 12 13 Reg α 4, 2: der Armenier las Reg Ic συνέβαλεν ὁ πόλεμος? Reg γ 16, 20 δ 10, 34 *kumbh [nora] or kmbeśav [kmbeaš]* τὰς συνάψεις [αὐτοῦ] ἃς συνῆψεν: Reg α 14, 22 *kmbeśan 'i paterazm* συνάπτουσιν εἰς πόλεμον: *kmbeśan* allein Iohannes Mamikonean 58, 13: Dan 11, 25 *kmbeśsé paterazm* συνάψει πόλεμον: Esdr α 1, 29 (27 gr) *kmbeaš tal paterazm* συνεστήσατο πόλεμον.

Bundehesch 69, 1—3 hat Windischmann studien 111 einen *Khumbya* und *khumba* herausgefunden, den ich nicht herausbringe: ich lese *hwembya* und *hwemb*. das von Windischmann citierte buch kann ich nicht einsehn.

maiti.

Nach den lautgesetzen musste indisches *mati* im armenischen als *met* erscheinen: in dieser gestalt finden wir das wort in dem eigennamen *Çpenta ârmaiti* = *Spandaramet*, den ich in den abhandlungen 264 besprochen (vgl noch *Sandaramet* bei Moses von Khorên γ 62 (262, 10) und Zenobius 32, 32). wie nun aber der armenische bruder des baktrischen *aži* durch seinen genetiv herunterkam, so auch der von *maiti*. jetzt sagt man *mit* und braucht das wort nur im plurale. das bewusstsein aber dass *mit* zu der am Ararat freilich nur in der zusammensetzung mit *aipi* bekannten wurzel *man* gehört, ist den Armeniern noch nicht abhanden gekommen: vgl Luc 24, 45 *ebaš zmits noga imanal zgirs* διήνοιξεν αὐτῶν τὸν νοῦν τοῦ συνιέναι τὰς γραφάς.

manôtri.

Die beschreibung der Anâhita im âbânyascht 127 und die vorschriften über die behandlung des tollen hundes im vendidad 13, 30 stimmen so auffallend überein, dass ein gewesener schulmeister unwillkürlich an die art erinnert wird, in welcher er in der klasse gelesene Justin- oder Xenophonkapitel zu extemporalien umzuarbeiten pflegte. mir scheint aus dem parallelismus klar dass im yascht *upatąm* in *upa tąm* zu zerlegen ist: weiter muss man *frâ* von *gaośavara* (Fakhri 196, 20 und oft) loslösen, da es mit *çiçpemna* zusammengehört. die wurzel *çvi* (baktrisch *çpi*) verbindet sich nämlich im eranischen nicht nur mit der praeposition *pairi* (das armenische *parisp* mauer würde auf baktrisch *pairiçpi* lauten), sondern auch mit *fra*, wie das persische *farisb* zeigt, das wohl *farisp* zu schreiben ist (bekanntlich unterscheiden gerade die älteren neupersischen hdss *b* und *p* nie) und die bohlen bedeutet, mit welchen die bühne des hauses verschalt, sowie die vorhänge, mit denen an festtagen die mauern der wohnungen behängt werden: *farisp* sollte *farsp* lauten: das *i*, für welches auch *a* angegeben wird, ist nur hülfsvokal. wenn nun zuerst die ohrringe der Anâhita genannt werden, an dritter stelle die leibbinde erscheint, mit welcher die göttin die brüste[1]) *nyâzata* [von *nyâṇc*?][2]), damit sie sowohl schöngebildet als liebreizend (*navâzâna* = neupersischem *nawâzân*) seien, so muss die *manôtri* durchaus ein bekleidungsgegenstand oder ein schmuck sein, der zwischen kopf und brust befindlich ist. *manôtri* würde nach den von mir entdeckten lautgesetzen im armenischen *manuh* lauten müssen. ein solches wort gibt es nicht, wohl aber *maluk*. dass *l* für *n* eingetreten, braucht nicht zu stören: vgl מנורה *salavart* abhdl 72, 3 und Κανδαύλης *keldavl* ebenda 275, 21 300, 32 Iohannes Mamikonean 39 $\frac{6}{7}$. *k* für *h* ist eine, wohl durch die

---

1) schon 1850 habe ich indisches *stana* mit armenischem *stin* μαστὸς Lc 11, 27 23, 29 Apoc 1, 13 zusammengehalten: *fstâna* entspricht neupersischem *pastân* Fakhri 60, 10 84, 2 190, 18. | 2) muss soviel bedeuten als *cohibet* bei Nonius: *strophium est fascia brevis, quae virginalem horrorem cohibet papillarum* (nicht *mamillarum*: die *pastân* sind bei Fakhri 60, 10 84, 2 granatapfelfarbig, also nur die brustwarzen). das *mamillare* ist nicht das *strophium*. vgl Rieses Varro 212, 6.

betonung der wörter auf der letzten hervorgerufene falsche schreibung, die in amsterdamer drucken des siebenzehnten jahrhunderts mir auch bei andern wörtern begegnet ist: die Mekhitharisten noch schreiben stets *ambok̹* (übersetzt ὄχλος Sap 6, 3) Elischê 47, 34 Moses 121, 7 145, 14 18 20 usw für das persische *anbôh*, aber nur *andoh* = persischem *andôh*, *groh* = *gurôh*: *gluk̹* kopf ist wahrscheinlich auch für *gluh* gesagt und vertritt ein baktrisches — *ôṭri*. sogar in der mitte *nok̹az* χίμαρος Lev 4, 23 24 9, 3 15 23, 19 Dt 14, 4 usw = neupersischem *nuhâz*, vgl im pehlewi נאאגיק Bundehesch 6, 8. wie die Baktrier *barôiṭra* abhdl 297, 27 bildeten, um das wort für haken nicht mit *bareṭra* von φέρειν zusammenfallen zu lassen, so *manôṭri* für *manṭri*, da *mąṭra* schon vergeben war: jenes von *manel̹* abhdl 40, 15 (*maneak* gibt sich durch seine endung als ein in der parthischen periode in das armenische eingedrungenes wort kund), dieses von *man* denken, das mit *aipi* zusammengesetzt am Ararat als *imanal̹* umläuft. *maluk̹* wird für κάμηλος Mth 19, 24 Mc 10, 25 Lc 18, 25 gebraucht, welches die Armenier für ankertau (κάμιλος) nahmen: Theophylakt 82rom τινὲς κάμηλον οὐ τὸ ζῷόν φασιν, ἀλλὰ τὸ παχὺ σχοινίον, ᾧ χρῶνται οἱ ναῦται πρὸς τὸ ῥίπτειν τὰς ἀγκύρας: vgl Drusius *observationes* [1594] *a* 11. auch στρόφιον bedeutet brustbinde und ankertau: vgl Apuleius I 1047 in Hildebrands ausgabe. noch die muhammedanischen dichter Persiens kennen das halsband der Anâhîd (*tauq-i Nâhîd*): ich kann zur zeit nur Fakhri 236, 3 als beweis geben, dem 109, 16 wie seinen zeitgenossen die reinheit (keuschheit) der Nâhîd noch aus dem alten Eran her bekannt ist.

dâuru vd 13, 30 ist der knüppel, der nach dem deutschen sprichworte beim hunde liegt: als ich ein knabe war, trugen unsere dorfhunde in der Mark noch ein holz am halsbande, mit welchem sie abzubilden ältere maler auch in Holland und Frankreich selten unterliessen: so viel ich weiss, wollte man durch diesen knüppel das durchschlüpfen des tieres durch löcher der hofmauer hindern.

minu.

Am halsbande trägt die Anâhita yt 5, 127 *minum*. mir scheint dies das neupersische *minû* zu sein, welches jetzt auch *mînû* geschrieben wird und mit dem aus *mainyava* herabgekommenen *mênô mînô* (Fakhri 84, 5 103, 11 196, 17 219, 8) zu Einem worte zusammengeflossen ist. *minô* soll auch den smaragd bezeichnen, meistens heisst der bergkrystall und das glas *minû minô.* dass die Anâhita mit diesem geschmückt genannt wird, sichert dem fünften yascht ein leidlich hohes alter: es ist nur eine erinnerung nötig, um dem leser die geschichte des glases ins gedächtniss zurückzurufen:

ἤδη παρὰ τοῖσι φαρμακοπώλαις τὴν λίθον
ταύτην ἑόρακας, τὴν καλήν, τὴν διαφανῆ,
ἀφ' ἧς τὸ πῦρ ἅπτουσι; Τὴν ὕαλον —

lautet eine bekannte frage und antwort in des Aristophanes wolken 766—768. σφραγῖδες ὑάλιναι erscheinen mehrfach bei Boeckh staatshaushaltung II 263 unter den kostbarkeiten.

Miṭra.

In meinen abhandlungen 9, 6 10 293, 5 297, 14 habe ich nachgewiesen dass die Armenier den gott Mithra *Meṛh* oder *Meh* genannt und dass der armenische monatsname *Mehekan* dem persischen *Mihreġân* entspricht. wer die armenischen *e* haltenden wörter mit den ihnen in den verwandten sprachen entsprechenden verglichen hat, wird meine behauptung nicht wunderbar finden dass *Meṛh* eine urform *Matra* erschliessen lässt.

ich bin jetzt so glücklich die pehlewiform des namens Mithra vorlegen zu können: diese lautete *mat*, wie die analogie von *ḳšaṭra šat* ξατα abhandl 46, 6 8 von vorne herein erwarten liess. durch sie sind wir darauf gewiesen das vaterland des eranischen bestandteils des pehlewi wo anders als im südwesten Erans zu suchen, da im südwesten der name des gottes durchaus mit *i* erscheint. bei Moses von Khorên findet sich ein ausdrücklich als pehlewi bezeichneter eigenname *Peṛozamat* β 73 (153, 18) β 87 (172, 16 17), der ein seitenstück zu *Buzurgẹmihr* ist und von dem nur bei Moses von Khorên γ 64 (265, 8) erhaltenen *Wehmihṛ[a]šapuh*, das neupersisch *Bahmihrẹšâpôr* lauten müsste.

von diesem *mat* stammt ein adjektiv *mteṛim*, gebildet wie *oḳeṛim* von *oḳ* und ähnlich wie *havataṛim* von *havat*. *mteṛim* vertrauter freund MosKh 172, 32 Iohannes Mamikonean 21, 32: γνήσιος Phil 4, 3: *mteṛmuṭiün* Moses 344, 34: τὸ γνήσιον Cor β 8, 8. *mat* hatte also im pehlewi noch die bedeutung des baktrischen *miṭra* vertrag.

in unsern pehlewitexten erscheint noch מטן = *matn* für das

eben nachgewiesene *mat*: schliessendes *n* schreibt man im pehlewi doppelt, wie es im syrischen mit dem allein stehenden *n* geschieht: gesprochen wurde es nur einmal.

mehean habe ich abhdl 9, 10'' vom Mithra abgeleitet, wie steht es mit *maturn*, genetiv *matran*? Zenob von Glak 8, 27.

muć.

Es entspricht das armenische *muǵak* (*scarpa pianella*) dem neupersischen מוזה Fakhri 188, 18 (woher סרמוזה, das die Araber als *sarmūǵ* kennen). das armenische erweist dass diese wörter formell zur wurzel *muć* gehören: von dieser ferner *moyk* (*scarpa scarpetta*) = מוק des talmuds, woher die Griechen ihr βαυκίς abhdl 24, 14'' entnahmen. Gawâliqi 138, 11 ff und Sachau dazu 62.

patmuǵan Gregor Narek 395, 34: στολή Lc 15, 22 20, 46 Gen 27, 15 41, 42 Ex 28, 2 3 4 29, 5 21 29 31, 10 35, 19 39, 1 41 und sehr oft: χιτών Mc 14, 63 Ioh 19, 23 Iudas 23. die στολή schleppte auf die knöchel. *patmuǵak* für ἱματιοφύλαξ Reg δ 22, 14 fällt auf.

yt 5, 64 schwankt die lesart zwischen *pâitimukta* und *paitismukta*: ohne archaeologische kenntnisse wird nicht zu entscheiden sein welche vorzuziehen ist. das armenische *patmuǵan* rät zu *paitimukta*: auf jeden fall wird auch dies participium vom schuhe gesagt.

paiti.

Das baktrische *paiti* lautet im armenischen als hauptwort *pet*, als praeposition *pat*. in der praeposition hat das nach dem *p* einst vorhanden gewesene *r* den vokal in seiner ursprünglichen reinheit erhalten.

pet wird alleinstehend nicht gerade häufig, dafür aber mit einem gewissen nachdrucke gebraucht: für ἡγούμενος Gen 49, 10 Dan 3, 2 3. *peth tohmiṡn* οἱ πατριάρχαι Par β 23, 20. *petuṭiün* ἡγεμονία Num 2, 17: οἰκονομία Isaj 22, 19: ἀρχή Lc 12, 11. *hogvow petuṭean* πνεύματι ἡγεμονικῷ Ps ν 14. desto häufiger kommt *pet* im armenischen als zweites glied von zusammensetzungen vor: vgl namentlich *dehpet* (beim Elischê 26, 29 verzeichnen die Mekhitharisten zu *dehpeth* eine variante *dahapeth*) = *daṅhupaiti* und *hazarapet* ἀζαραπατις Elischê 23, 9 33 $\frac{11}{10}$ 112, 22 114, 16 116, 8 117, 9 168, 24 und oft (abhandlungen 184, 35 186, 6): *dahǵapet* Elischê 106, 16 (abhdl 31, 23): *handerẓapet* Elischê 142, 23 (zur erklärung von ἀνδρασταδαρανσαλάνης abhdl 185 verwendbar? *salar* bei Elischê 81, 19). im neupersischen ist *bad* nicht häufig: vgl *kahbad* Fakhri 138, 4 = arabischem *ǵahl·aḍ* Hariri 63, 3.

die weiterbildung der praeposition *paiti* durch *s*, *paitis* = *pês*, findet sich mit sicherheit in Einem armenischen substantivum: *patšgam* προστὰς Iud 3, 23: ἐξέδρα Ezech 40, 45 46 41, 10 42, 1 4 7 8 9 11 12 13: bei Elischê 107, 23 *patškam* üppiges schlafgemach. das wort besteht aus *patš* und einem derivate der wurzel *gâ* oder *gam*, demselben, das man in *aiwigâma* winter, in dem mit *angam* mal identischen *hangâm* zeit, in *paygâm* = *patkam* wort, *pargâm* mutterleib (dem herumgehenden) und *niyâm* degenscheide antrifft. verwandt mit *patšgam* ist persisches *pêšgâh*, das nur *gâtu* für *gâma* enthält.

paitizbaraṅh.

Aus dem Bundehesch 53 $\frac{5}{6}$ ist klar dass in *Airânvêǵ* ein fluss *Dâraǵa* floss, an welchem das haus (מאן) des Pouruschasp, des vaters des Zartuscht, lag. diese *Dâraǵa* heisst deshalb in demselben buche 58, 5 *rôtẹbârân rat*: ich halte mich nämlich berechtigt ein von der grammatik gefordertes *n* dem texte zuzusetzen, und — so wenig ich über die diphthonge im pehlewi unterrichtet bin — dem pehlewiworte für fluss mindestens vorläufig die aussprache des neupersischen רודבאר zu geben. ob diese *Dâraǵa* mit dem durch Qazwin fliessenden *D-r-ǵ* (Qazwînî II 290, 26) etwas zu tun haben kann, vermag ich in meiner schleusinger einsamkeit nicht zu erfahren.

die *Dâraǵa* nun wird im vendidad 19, 4 11 mit einem berge in verbindung gesetzt, an oder auf welchem das *nmâna* (oben מאן im pehlewitexte) des Pouruschaçpa, des vaters des Zarathustra lag. die handschriften schwanken. § 4 lässt Westergaard nach einer gegen das *zbârahê* der übrigen von ihm benutzten *paiti-zbarahi*, § 11 mit allen *paiti-zbarahê* drucken: Spiegel gibt 173 $\frac{17}{18}$ *paiti zbarahê* gegen das blosse [?] *zbarahi* des einen seiner manuskripte, 175 $\frac{1}{2}$ *paiti zbarahê* gegen *zbarahê* und *zabarahê* zweier zeugen.

ich ziehe *paitizbaraṅh* zu einem worte zusammen und erkenne dies wieder in den drei ersten sylben des bergnamens פדשאוארגר im Bundehesch 22, 1 23, 9 24, 13 (24, 7 ist wohl derselbe gemeint, או nur durch die nachlässigkeit des schreibers ausgefallen): ich spreche *Padašhwargar*. dieser name enthält nun erstens *padaš*, die parsiform des neupersischen *pêš* und baktrischen *paitis*. da *s* vor *b* im baktrischen *ś* wird, müsste ich auch *paitizbaranh* in *paitiźbaranh* umschreiben — es wird sich nachher zeigen dass die Armenier in dem namen wirklich *ś* hörten —, wenn nicht aus dem או des Bundehesch klar wäre dass die baktrischen texte den namen überhaupt nur in einer verstümmelung erhalten haben: es ist *b* aus *hw* entstanden: dadurch mag die unsicherheit in der behandlung des auslauts von *paitis* bewirkt worden sein.

die aussprache *Padaśhwargar* scheint mir sicher. heisst es nämlich im Bundehesch 22, 1 der פדשואדגר sei der grösseste berg in אוארש, so kann dieser bergesname unmöglich sich nicht auf den landesnamen beziehen, da gerade südlich vom kaspischen meere, wie aus Dorns schönen sammlungen genügend bekannt ist, bezeichnungen geographischer begriffe nach vorne und hinten ganz alltäglich sind: und in *Airânvêģ* liegt ja der berg auf alle fälle. *Padaśhwargar* ist der vor *hwar* gelegene berg. *hwar* wird also eine landschaft sein. Ludolf Krehl, den ich wegen der in meinen abhandlungen 278 angezogenen überlieferung befragte, nach der Muhammad Persien das land *ẖwar* genannt, erklärte trotz mühevollen suchens bei Bokhârì nichts von dieser tradition gefunden zu haben: ich habe seitdem wenigstens bei Fakhri (also einem asterabadier) 264, 13 die rose von *ẖwar* neben der seide von China, dem moschus von Tibet, der rohrfeder Aegyptens genannt angetroffen, also in einem zusammenhange, der erhärtet dass *ẖwar* wirklich der name eines landes gewesen. ausgedehnt muss es gewesen sein, denn der Bundehesch rechnet 23 $\frac{8}{10}$ Tapariçtân und Gilân zum gebiete des *Padaśhwargar*: rosen können dort so gut zu loben gewesen sein als in Armenien, wo *Wardgês* rosenhaarig bei Moses von Khorên β 65 (144, 31) eine stadt heisst, deren name zur erklärung von *Vâitigaêça* yascht 19, 2 (*Bâdeģês*: Ibn Batutah III 72, 1) noch so wenig benutzt ist als des Khorenensers vom baume gesagtes *warsavor* 38, 14 und des Horaz *comae* oden δ 7, 2 3, 11. der name *ẖwar* umfasste die landschaften, in denen die persische religion kurz vor und zu Muhammads zeit am eifrigsten gepflegt wurde, so dass ausserordentlich denkbar ist dass der prophet ganz Eran nach der wenigstens in religiöser, ihn am nächsten angehender beziehung den ton angebenden provinz genannt hat. übrigens macht ein einziger haken aus אוארש Bundehesch 22, 1 אוארשאר,

und das könnte das von mir in den abhandlungen 278 gesuchte *Chorsari* sein. Thaâlibi lathâif 133, 5 schreibe *ḫwar* für *ǵûr*: gerade die rose von *ǵûr* wird gelobt, vgl oben 51, 23.

übrigens hat Spiegel, der sonst keine einsicht in den tatbestand hat und völlig ungehöriges zusammenbringt, in seinem Eran 68 Sehireddins *Farschvadgar* mit „*Padas-qar-gar*" zusammengehalten. es ist bei Schireddin natürlich פרשודגר in פרשורגר umzuschreiben, was selbst dem ängstlichen nur mässig kühn erscheinen wird.

Moses von Khorên berichtet ꝭ 53 dem könige Artaschês hätten nicht gehorchen wollen die bewohner des gebirges, welches in ihrer eignen sprache *Patiżahar gavar* genannt wird, welches das gebirge *Gelmanş* ist, und auch andere nicht: auch die Kasbier seien aufgestanden. hier hat den armenischen schreibern ihr *gavar* gau veranlassung gegeben *Patiżahargar*, wie wohl ursprünglich geschrieben stand, in der angegebenen weise zu verderben. wir haben zwar bei Dillstedt im tale der Hasel einen in Grimms mythologie nicht erwähnten berg Frickenau, aber der ist niedrig und wird jetzt sogar beackert: einen bergriesen wie den *Padaśhwargar* konnte man schwerlich gau nennen, so dass *gavar* falsch sein muss. *Gelmanş* ändere ich in *Delmanş*: gemeint ist *Dailam*: die Byzantiner würden Διλιμνιτῶν sagen. דילמאן; stadt in Gilan Dimischqi 226, 11?

noch mehr verstümmelt als im vendidad oder bei Moses erscheint der name des berges in Curetons drucke des Schahrastânî. der berg von den bergen Atropatenes, auf dem der geist des *Zarâdaśt* in einem baume eingeschlossen emporwächst, יערף ('באסמוירהר) 186, 1: schreibe יערף באסם (ist bekannt unter dem namen) und dann irgend welche verstümmelung des alten namens, der neupersisch *pêś ḫwar* lauten müsste.

diese stelle des Schahrastânî nun gibt willkommene gelegenheit den bergnamen *uśkidarana* der baktrischen bücher zu erläutern: so heisst der berg *Padaśhwargar*, weil auf ihm der baum gedacht wurde, in welchem Zarathustras *rûḥ* = *uśki* in einem baume *maǵzûl* = *dârayêiti*.

paêça und *paêçanh*.

Armenisches *pês* ist niemandem unbekannt, der auch nur wenige seiten armenischer texte gelesen: *orpês ayspês sapês* sind

1) ח und ד sind punktiert.

da auf schritt und tritt zu finden. längst habe ich es zu indischem *peça* und baktrischem *paêça* gestellt.

die Armenier sagen *goynagoyn* wie die Perser *gûnâgûn*, so dass nicht *pês pês* Elischê 16, 17 aber *pêspês* ποικίλος Mth 4, 24 πολυτελής Sap 2, 7 Prov 1, 13 auffällt. doch zeigt dies wort dass ich recht hatte *pisak* = *pêsah* (jetzt abhandlungen 75, 3 217, 26 und wegen des in *pisak* gegen *pêsah* verschwundenen gunas 217, 15) mit jenem *paêça* zu verknüpfen.

ich stellte zur wurzel *piç* früher das osethische *fisin* und das neupersische *nuwištan nibištan* schreiben, als lehnwort der Slaven aus der eranischen welt *pisati* Miklosich 108[b]: als lehnwort, da die Slaven in dem ihnen von hause aus eigenen vokabelschatz (jetzt Schleichers kirchenslavische grammatik 136 ff zu vergleichen) *s* für indisches *s*, also nicht für *ç* brauchen: ich hiess Wolframs von Eschenbach Parzival 747, 26 748, 7 1, 6 einsehn. ich halte diese für die kulturgeschichte hochwichtigen zusammenstellungen auch jetzt noch aufrecht.

die ältere form von *nuwištan* steht schon in den keilinschriften: Spiegel 209 stellt als wurzel *pis* reiben, also das indische *piš*, lateinische *pinsere* auf. veranlasst wird ihn und seine vorgänger das *s* in *nipistam nipistanaiy niyapisam* haben. allein das beweist nichts. im baktrischen finden sich genug beispiele davon dass *ç* vor *t* zu *s* wird. in den keilschriften steht *vasnâ*, welches unabhängig von einander Windischmann und ich dem armenischen *wasn* gleichgesetzt, also eine ableitung von *vaç* (vgl ἑκὼν ἕκητι) mit *s* gegen *ç*: *daustar* freund gehört allerdings zu *zuš*, steht aber neben neupersischem *dôst*. *pišṭa* heisst auf alle fälle das particip nicht nur von *piš*, sondern auch von *piç*.

wie man vom stampfen auf schreiben kommen soll, sehe ich nicht ein, vom schmücken und gestalten aus ist man schnell da. obwohl man neulich, sagt Plinius ιγ 73, im Euphrat bei Babylon papyrus gefunden, *tamen adhuc malunt Parthi uestibus litteras intexere*. noch Fakhri lässt die personen seines gedichtes auf seide schreiben. am ausführlichsten schildert er 264, 12 ff die ganze prozedur der abfassung eines briefes, wie das dazu nötige seidenzeug (*ḥarîr*) aus chinesischem seidenfaden (*ibrîšam*) gemacht sei usw. 374, 10 fordert Wês seidenzeug, moschus, ambra und rohr, um einen brief abzufassen: vgl 27, 8 248, 17 269, 8 312, 15—17. daher haben noch die Araber *taḥrîr* verseidenung für abfassung (Tèktschand Bahâr unter *qalam tardšîdan*): wir sagen die handschrift stehe schon im blei. Scherefnâmeh I 8, 5 19, 6.

paiṭya.

Das *ṭ* von *paiṭya* ist erst durch *y* entstanden: so hindert nichts *paiṭya* und *pêt* zu vergleichen. wie *ksaṭra* den streng monarchisch gesinnten Armeniern zu *šah* vorteil (abhandlungen 46, 15 68, 10) wurde, so *paiṭya* zu *pêt-ḥ* (λόγος Act 10, 29: χρεία Lc 9, 11): die angeführte stelle der apostelgeschichte wird erläutern wie *paiṭya* so abblassen konnte dass es als ein verallgemeinerungspartikel gelten kann: die Armenier brauchen ihr *pêt* so in *ṭêpêt*, das Ciakciak durch *benchè*, *sebbene*, *comunque*, *in qual si voglia modo* wiedergibt.

Pairika.

Wer zuerst *pairika* mit persischem *Parî* und armenischem *parik* zusammengestellt hat, weiss ich nicht, vermutlich war es Saint-Martin. ich mache darauf aufmerksam dass *ik* des armenischen wortes nicht *ika* des baktrischen, sondern die pehlewiform des neupersischen *î* ist: *parik* ist gleich *parî*, mit *pairika* sind diese beiden wörter nur verwandt. *yuškaparik* übersetzt Isaj 13, 22 34, 11 14 ὀνοκένταυρος: die venediger oktavausgabe von 1805 hat an diesen stellen keine variante: bei Moses von Khorên 142, 9 (sonst ist mir das wort nicht wieder vorgekommen) wird zu *zyuškaparkašn* am rande aus einem codex *zwiškaparkašn* angeführt. da deutlich ὀνοκένταυρος mit dem worte ausgedrückt werden soll, denkt man es müsse von *išuk išak* ursprünglich *iškaparik* geheissen haben.

pairikara.

Es liegt in der natur der sache dass ein so allgemeiner ausdruck wie umhermacher auf sehr verschiedene dinge angewandt werden kann. die Indier nennen den die kleider schürzenden gürtel *parikara*, die Perser die halskette *pargar*: *pairikara* vendidad 17, 6 übersetze ich mit kreis. dazu ein denominativum: *pairikarem pairikârayôis* in der angeführten stelle übersetze ich „cirkle einen cirkel". im neupersischen heisst (einem nicht vorhandenen *pairikâra* entsprechend) der cirkel der zeichner und mathematiker *pargâr* oder *pargâl*: die Araber haben dies wort als *farǵâr* hinübergenommen.

pairivâra.

Fehler, welche ich 1847 (noch nicht 20 jahr alt) gemacht,

sind mir nachgeschrieben: es ist das beste einfach das richtige zu geben.

im neupersischen heisst *parwâr* der stall, in welchem vieh gemästet wird. die Perser leiten dies *parwâr* von *parwardan* ab, was mit *var* gar nichts zu tun hat. *parabaraiti* heisst auf baktrisch „er bringt hinzu“: neupersisches *parwarad* deckt sich genau damit, man versteht „zum futter“. yt 11, 7 ist *paçushaurvâoṅhô* notwendig als akkusativ zu fassen und zwar ist *âoṅhô* die ältere gestalt das yaçnischen *éṇg*. wird *mâoṅh* im neupersischen zu *mâng*, so kann auch *maśyâoṅhô* zu *maśyéṇg* werden, vgl abhdl 263, 4: ich vermutete 1854 dass armenische (dem gâtha-dialekte am nächsten stehende) formen *ménç zénç knoç* auf dieses *éṇg* ausgehn: *aipi* = *'i* regiert den akkusativ. „wie unsre hunde (κύνας) so ernähren wir, futtern wir den Çraoscha“: vgl Iohannes 4, 34 ἐμὸν βρῶμά ἐστιν ἵνα ποιῶ τὸ θέλημα τοῦ πέμψαντός με: Mth 9, 13 ἔλεον θέλω καὶ οὐ θυσίαν: Fakhri 241, 20 mich futterte (*parward*) die amme mit liebe und anmut: vgl denselben 229, 12 235, 15 360, 19. diesem *parwâr* entspricht פַּרְוָר Reg δ 23, 11: es werden pferde in eine לִשְׁכָּה = λέσχη eingestellt, welche בַּפַּרְוָרִים „unter den ställen“ lag, wo das zum verkaufe an die opfernden bestimmte vieh *in maiorem sacerdotum uoluptatem* gemästet wurde, vgl Iohannes 2, 13 ff. die schreibung פַּרְוָר ist aber jünger als פַּרְבָּר Par α 26, 18 (hat ב ein daghesch?). das neupersische *farwâr* der luftige speisesaal auf oder am hause hiess baktrisch vd 2, 26 *fravâra*: das talmudische אברואר (nach dem ערוך = *ḍausaq* abhdl 25, 20) würde baktrisch *upairivâra* lauten, das neupersisches *barwâr* sommerlusthaus ist.

paruṛel könnte mit *pairivâra* zusammengehören: ich finde bei dem von Ciakciak auch *circondare* übersetzten worte in meinen papieren nur angemerkt dass es Iob 19, 10 für διασπᾶν und Deut 30, 6 für περικαθαρίζειν steht: beide citate lieferte mir LaCrozes handschriftliches wörterbuch.

ein armenisches *paruaṛ* gibt es nicht: ich arbeitete 1847 aus geborgten büchern und habe *r* für *ṛ* excerpiert (Ein strich unterscheidet die beiden): arg ist dass nach meinen sonst doch mit einer mir sehr schmeichelhaften teilnahme ausgezognen arbeiten noch nicht bekannt ist dass *pairi* im armenischen nie mit dem ersten *r* (ich transskribierte damals *parhuar*) geschrieben wird. *patuaṛ*, das baktrisch *paitivâra* lauten müsste, für ἀνάλημμα Par β 32, 5 oder [προ]τείχισμα Reg β 20, 15 Ez 48, 15 [Cant 2, 14] oder περίτειχος Isaj 26, 1 oder μέλαθρον Reg γ 6, 5 7, 4.

pâman.

Spiegel gibt yt 8, 56 14, 48 *nôiṭ pâma nôiṭ kapaçtis* „unsicher“ durch: nicht schuld nicht gift. mit der schuld hat er recht, wenn er damit *aes alienum* meint: *pâman* ist neupersisches *pâm fâm wâm*, vgl πῆμα (Fakhri 71, 12 82, 2). für *kapaçti* hat ihn Rückert zu vd 11, 9 auf neupersisches *kabast* verwiesen, das koloquinthe bedeutet. im yascht passt das nicht. übersetze dort: schuldgefängniss. *açti* ist suffix wie in *çaraçti*, das doch sicher zu *çareta* = *sard* kalt gehört und im neupersischen parallelen genug hat. die wurzel lautet im armenischen *kapeḷ* δέειν Mth 12, 29 13, 30 14, 3 16, 19 usw. die koloquinthe ist wie alle gurken ein rankengewächs, das füglich fesselung genannt werden konnte. von *kabast* nach Gawâliqî 125, 2 das arabische קפץ.

Paoiryêni.

Es ist längst erkannt dass der Tistrya der baktrischen bücher der Sirius ist: Plutarch über Isis und Osiris 47 sagt ὁ Ὡρομάζης ἕνα ἀστέρα πρὸ πάντων οἷον φύλακα καὶ προόπτην ἐγκατέστησε τὸν Σείριον. der Tistrya bringt regen wie der Σείριος in demselben buche des Plutarch 38 ὑδραγωγὸς ist. so wird denn die *Paoiryêni*, welche yt 8, 12 den Tistrya begleitet, nichts anderes sein als *Parwîn*, das regengestirn der Plejaden: Qazwînî I 35, 27 ff stimmt mit den scholien zur odyssee μ 62 ὅταν ἔξωθεν τῶν Πλαγκτῶν γένηται τὸ ἄστρον τὸ λεγόμενον Ταῦρος, τότε συμβαίνει τῶν ἐπὶ τῆς οὐρᾶς αὐτοῦ κειμένων ζ ἀστέρων, οἳ Πλειάδες λέγονται, ἕνα ἀμαυροῦσθαι ἐκ τῆς ἀναφορᾶς τοῦ καπνοῦ. φέρουσι δὲ τροφὴν ὕδωρ θαλάσσιον τῷ ἡλίῳ. *Parwîn* Fakhri 10, 20 21, 16 52, 12 62, 5 72, 10 112, 13 138, 17 196, 10 219, 15 226, 4 239, 11 240, 4 397, 21. die aussprache der endung ist mindestens durch den reim auf *tinnîn* 52, 12 sicher: *Pawriîn* ist in *Parwîn* umgesetzt und zusammengezogen. Theophrast φα III 23, 1.

pareḥ.

Pareḥ findet sich nur yt 19, 46: Ahriman und Spendman *pareḥâitê* = kämpften um das *ḥarenaṅh*. armenisch *herḥeḷ*: bei Moses $\frac{134}{455}$ *erevi ev astuaṭareaḷ hayṛapetin areaḷ 'i zern zpaleṛazmakans gorẓ ev dimeaḷ 'i weṛay ćorign herḥêr ṭagavoraş* auch der gottbegeisterte patriarch [Abraham, Gen 14] erscheint als ein kriegesarbeit in die hand nehmender und kämpfte persönlich gegen die vier könige. derselbe 458, 7 redet von *anheṛheḷi sataruṭiün ōdoy* der unwiderstehlichen gewalt des windes.

pareṭ.

Eustathius entnimmt in seinem kommentare zu Dionys 1039 dem Stephanus von Byzanz folgende notiz: τοὺς Πάρθους καὶ Παρθυαίους καλοῦσί τινες καὶ φῦλον εἶναί φασι σκυθικὸν μετοικῆσαν ἐπὶ Μηδίους ἐκ φυγῆς, διὸ καὶ οὕτω κληθῆναι. Πάρθους γὰρ Σκύθαι τοὺς φυγάδας φασίν. ich setzte 1854 hinzu „vgl *pereṭ* vendidad 22, 10" [seite und zeile der spiegelschen ausgabe]. seitdem habe ich dazu gelernt dass im armenischen das wort als *haṛṭnuḷ haṛṭčil* erhalten ist, im „perfekte" *haṛṭeay*. Ciakciak erklärt *saltar indietro per paura, rimbalzare, ritirarsi, fuggir per timore, alienarsi, allontanarsi.*

parsti.

Boehtlingk und Roth unterscheiden IV 870 *pṛśṭi* rippe und *pṛśṭa* rücken. nur dem ersten worte kann baktrisches *parsti* entsprechen, nur letzterem neupersisches *puśt.*

die Armenier haben ein *p̄ośt*, welches Ciakciak *borsa coglia ripostiglio de testicoli* übersetzt und von dem *p̄ośtank* leistenbruch abgeleitet wird und *p̄amp̄uśt* oder *p̄anp̄uśt* harnblase. es ist keine frage dass dies *p̄ośt* parthisch ist: *p̄amp̄uśt* las ich bei Resten I 109, 3 ff 134, 21 ff in einem zusammenhange, nach dem die bedeutung nicht zweifelhaft erscheinen kann. *p̄anp̄uśt* liesse nach analogie von *p̄andam p̄adam = paitidâna = panâm* eine erklärung als *paitiparsti* zu, das was an der *parsti* liegt.

aber wie kommt dies wort dazu den Armeniern *p̄śtipan* Elischê 53 $\frac{19}{20}$ 115 $\frac{12}{13}$ trabant zu liefern? eunuchen für die männer können doch nicht gemeint sein. die Perser kennen auch noch *puśtiwân puśtibân* neben gleichbedeutendem *puśtẹwân puśtẹbân*, deren *î* scheinbar auf *parsti* weist, während spätindisches *pṛśṭapâtin* darauf deutet dass man damals in der schaar der puschtebâne nur rückenschützer sah. dabei haben die Armenier *paśtpan* in dem sinne von *p̄śtipan*: Moses 435, 37 [536, 36]: für ἀντιλήπτωρ Reg β 22, 3 oder ὑπερασπιστής Ps 27, 7 32, 20 58, 12 usw: *paśtpan ḷinişim ḥez* ὑπερασπιῶ σου Osee 11, 8. davon *paśtpaneḷ* ἀντιλαμβάνεσθαι Sap 2, 18 Lc 1, 54 usw: κυκλοῦν Dt 32, 10. ich habe mich seit langem des gedankens nicht erwehren können dass armenisches *paštel* λατρεύειν διακονεῖν λειτουργεῖν zu *prêṭa* gehört, da dies indische wort eine rituale bedeutung hat, deren feststellung ich in Schleusingen nicht nachgehn kann. früher verglich ich auch das englische zeitwort *back*. neupersisches abstraktum *pušti* Fakhri 47, 20 88, 15: daher jenes *pštipan*?

pâṭra.

In den abhandlungen 8, 25 ff habe ich armenisches *pah* baktrischem *pâṭra* gleichgesetzt. da man an der richtigkeit dieser gleichsetzung gezweifelt hat, bemerke ich dass sogar im wörterbuche Ciakciaks 1189[c] die ältere form *parh* angeführt wird, die allen zweifel totschlägt. das zeitwort *parhel* ist in den venediger drucken Ex 12, 6 Iob 24, 15 Hier 5, 24 Macc α 3, 42 β 3, 1 verschwunden, wo ich 1849 aus dem alten amsterdamer [oder aus LaCroze??] es zu notieren fand: in Venedig druckt man *pahel*.

da mir an dem *unih* abhdl 68, 17 ff viel liegt, will ich, um es gegen ähnliche zweifel zu schützen, hier bemerken dass die Armenier *pahapan* so in ein zeitwort verwandeln, dass sie *pah unel* sagen: Zenob von Glak 26, 16 Moses 192, 2. das armenische *despan* gesandter Elischê 46, 27 entlehnten die Araber als *dasfân*.

die neuPerser haben in *pahr pahrah* und wohl auch in *pahl* die bis auf den gekürzten vokal regelrecht dem *pâṭra* entsprechenden formen.

peretu.

Peretu habe ich 1854 indischem *pṛṭu*, griechischem πλατυ, armenischem *harṭ* gleichgesetzt. wie ich eben sehe, hat Windischmann grundlagen 12 schon vor mir das armenische und das indische wort verglichen: der ärmste ist um beispiele für das armenische *ṭ* verlegen und hält es sogar für den stellvertreter von θ. bei der gleichstellung von *harṭ* und *pṛṭu peretu* ist eine kleine bemerkung zu machen, die ich den freundlichen gönnern meiner arbeiten trotz ihrer eignen grossen belesenheit im armenischen und griechischen doch nicht länger vorenthalten darf, da mein „= πλατύς“ nicht deutlich genug gewesen ist. πλατεῖα ist nicht εὐρεῖα, darum wird auch wohl *pṛṭivî* nicht *urvî* sein: Homer redet als ein im gebirgslande wohnender nicht von der πλατεῖα, sondern von der εὐρεῖα χθών: der veda nennt die erde *urvi* wie *pṛṭivi*, da gebirge und ebene seinen verfassern gleich bekannt waren. in Preussen hat jeder studierte ohne ausnahme einmal Platos Phaedon gelesen, in dem 97[d] steht ᾤμην τὸν Ἀναξαγόραν μοι φράσειν πότερον ἡ γῆ πλατεῖά ἐστιν ἢ στρογγύλη, ob eine fläche oder eine kugel. mehr, falls es nötig scheint, suche man sich in einem schulwörterbuche. das armenische *harṭ* nun steht für λεῖος vom wege Lc 3, 5. *harṭeḷ* Iud 5, 22: ὁμαλίζειν Isaj 45, 2 Sirach 21, 11 (gr 10). *harṭuṭiün* ὁμαλισμὸς Baruch 5, 7. *harṭyatak* Macc β 9, 14 14, 33 ἰσόπεδος (in der zweiten stelle εἰς πεδίον schreibe ἰσόπεδον).

pouruḫâṭra.

In Armenien nennt Strabo mehrfach ein gebirge Παρυάδρης, welches vom Taurus nach norden zu zog und die ostgrenze der provinz Pontus, die westgrenze von Armenien bildete, also östlich von der 548 zu Pontus gerechneten stadt Trapezunt lag: die Iberier berührten es schon.[1])

nun erzählt Moses von Khorên β 4 5 von dem kriege des Valarsaces gegen die Pontier und Phrygier: wer das ende des vierten kapitels neben das von Strabo 512 mitgeteilte hält (ich erwarte dass jeder wahrheitsliebende baktrische philolog das tut), wird nicht bestreiten dass ich in den abhandlungen

1) **497** ἀγκῶνες τοῦ Καυκάσου τινὲς προπίπτουσιν ἐπὶ τὴν μεσημβρίαν, οἵ τήν τε Ἰβηρίαν περιλαμβάνουσι μέσην καὶ τοῖς Ἀρμενίων ὄρεσι συνάπτουσι καὶ τοῖς μοσχικοῖς καλουμένοις, ἔτι δὲ τῷ Σκυδίσῃ καὶ τῷ Παρυάδρῃ· ταῦτα δ' ἐστὶ μέρη τοῦ Ταύρου πάντα, τοῦ ποιοῦντος τὸ νότιον τῆς Ἀρμενίας πλευρόν, ἀπερρωγότα πως ἐκεῖθεν πρὸς ἄρκτον καὶ προσπίπτοντα μέχρι τοῦ Καυκάσου καὶ τῆς τοῦ Εὐξείνου παραλίας, τῆς ἐπὶ Θεμίσκυραν διατεινούσης ἀπὸ τῆς Κολχίδος. **521** ἀπὸ τοῦ Ταύρου πρὸς ἄρκτον ἀποσχίδες πολλαὶ γεγόνασι, μία μὲν ἡ τοῦ καλουμένου Ἀντιταύρου ... πέραν δὲ τοῦ Εὐφράτου κατὰ τὴν μικρὰν Ἀρμενίαν ἐφεξῆς τῷ Ἀντιταύρῳ πρὸς ἄρκτον ἐπεκτείνεται μέγα ὄρος καὶ πολυσχιδές· καλοῦσι δὲ τὸ μὲν αὐτοῦ Παρυάδρην, τὸ δὲ μοσχικὰ ὄρη, τὸ δ' ἄλλοις ὀνόμασι· ταῦτα δ' ἀπολαμβάνει τὴν Ἀρμενίαν ὅλην μέχρι Ἰβήρων καὶ Ἀλβανῶν. **527** ἀπὸ τῆς ἑσπέρας (von **Armenien**) ἐστὶ . . . καὶ ὁ Παρυάδρης καὶ ὁ Σκυδίσης μέχρι τῆς μικρᾶς Ἀρμενίας. **528** Ἰβήρων τὴν παρώρειαν τοῦ Παρυάδρου καὶ τὴν Χορζηνὴν καὶ Γωγαρηνήν, πέραν οὖσαν τοῦ Κύρου. **548** ὁ Παρυάδρης ὁ μέχρι τῆς μικρᾶς Ἀρμενίας ἀπὸ τῶν κατὰ Σιδηνὴν καὶ Θεμίσκυραν τόπων διατείνων καὶ ποιῶν τὸ ἑωθινὸν τοῦ Πόντου πλευρόν. **556** ἡ Φανάροια . . . ἐκ τῶν ἑῴων μερῶν προβεβλημένη τὸν Παρυάδρην, παράλληλον αὐτῇ κατὰ μῆκος.

154 recht gehabt die nachricht des Amaseers über den zug der Saken nach Kappadokien auf die parthische expedition nach diesen gegenden zu beziehn, welche Arsaces seinen bruder unternehmen hiess. nach beendigung des krieges in Kappadokien und Pontus „kehrt“ Valarsaces an den fuss des *Parḳar* mitten in das land *Tayh* „zurück“: es war vorher gesagt er sei im lande der *ḳaltiḳ* oder Χαλδαῖοι gelagert gewesen.

aus dieser stelle des Moses folgt, wenn sie mit den angeführten aussagen Strabos zusammengehalten wird, dass der Παρυάδρης und der *Parḳar* ein und dasselbe gebirge sind.

nun gibt es in Armenien und Medien auch ein gebirge Παραχοάθρας. καλεῖται, sagt Strabo 511, τὸ μέχρι δεῦρο (bis zu dem Hyrkanien gegen die wüste begrenzenden flusse Σάρνιος) ἀπὸ τῆς Ἀρμενίας διατεῖνον ἢ μικρὸν ἀπολεῖπον Παραχοάθρας: so Tzschucke: die hdss παρωχοάρας παρωχοάτρας. 514 τοὺς Καδουσίους συμφαύειν Μήδων καὶ Ματιανῶν ὑπὸ τὸν Παραχοάθραν (einige παραιχοάθραν, eine hds παραχολάθραν). $\frac{511}{512}$ ἀλλ' ἐπανίσταται [ὄρη, von Armenien aus] πρὸς ἕω, τὰ ὑπερκείμενα τῆς κασπίας θαλάττης μέχρι Μηδίας, τῆς τε ἀτροπατίου καὶ τῆς μεγάλης· καλοῦσι δὲ καὶ ταῦτα τὰ μέρη πάντα τῶν ὀρῶν Παραχοάθραν (ein zeuge παραχοάνθραν, zwei παρὰ χοάθραν). 527 τὰ ὑπερκείμενα τῆς κασπίας θαλάττης ὄρη τὰ τοῦ Παραχοάθρα.

wir gewinnen so, wenn wir annehmen dass Παρυάδρης *Parḳar* Παραχοάθρας nichts als das baktrische *pouruḫâṭra* sind (das erklärt alles) einen ganz unschätzbaren beitrag zur eranischen dialektologie.

Παραχοάθρας wäre die medische form, welche noch χο für *ḫ* = *hw* zeigt: entsinne ich mich recht so hat schon Burnouf irgendwo den Παραχοάθρας mit *pouruḫâṭra* zusammengehalten: in Schleusingen ist nicht festzustellen ob mich mein gedächtniss trügt.

Παρυάδρης eignete den Kappadokiern, deren vorhomerische (abhandlungen 264) monatsnamen nirgends *v* zeigen, ja sogar aus *v* entstandenes *p* nicht erhalten haben. αραρτανα gegen *farwardîn*, αρταεστιν gegen *ardî bahišt*, αρατατα gegen *ḫurdâd Haurvatât*, ωσμανια gegen *vohu manaṅh Bahman*, σονδαρα *Sandan* gegen *Çpeṇta ârmaiti*. auch das altarmenische (haikanische) lässt dem *ḫw* nur *h*, den vertreter des griechischen χ, gegenüberstehn. παρυ-άδρης kann füglich *pouru-ḫâtra* vertreten. doch ist zur not auch παρ-ὑάδρης zu verstehn. *t* = δ, wie im altarmenischen abhdl 76, 10 usw.

Parḳar ist die parthische gestalt des namens. Parther sassen in Sisakan nach abhdlgg 154, 15 ff: *ḳ* tritt in allen wörtern für baktrisches *h* ein, welche in der parthischen periode an den Ararat gewandert sind: *Parkarh* würde noch genauere schreibung sein.

ich habe mich gefragt ob das armenische *aśḳarh* nicht so gut das baktrische *aśaḥâtra* ist als *Parḳar pouruhâtra.* denn auch von *aśkarh* gibt es eine form ohne *h*: *apaśkarel* heisst der welt entsagen = μετανοεῖν Lc 10, 13. *aśaḥâtra* ist beiname der gebirge oder einzelner berge: es wäre denkbar dass das sehr häufig angewandte beiwort zum worte geworden.

den oben genannten fluss Σάρνιος habe ich nirgends unterbringen können. die aufzählung des Bundehesch 50—53 scheint ihn nicht zu enthalten: ich sage „scheint", da schreibfehler in ihr vorkommen. oder was ist *Dêirad* 51, 12 anders? der *Frât* = Εὐφράτης ergiesst sich nirgends anders hin als in den Tigris, der 51, 17 דקרט geschrieben wird: jenes *î* in *Dêirad* ist aus dem zeichen für *ǵ* verlesen, welches die vorschrift enthalten haben muss: gemeint war die *Diǵlah* der Araber, deren erster vokal syrischartig gesprochen wurde und deren *ǵ* gequetscht war. dass dem verfasser selbst für seine arbeit ein werk in naskhischrift vorlag, erhellt unwiderleglich noch aus zwei andern fehlern. *Çpnd* 50, 20 52, 11 meint das neupersische *çipéd*, denn die rede ist von dem jetzt *Sefîdrûd* genannten wasser in Gilan: Qazwînî I 181, 22: der mann verlas also ein wohl ohne diakritische punkte geschriebenes ٮ in ﻧ: ספיר in ספנר. wenn er 51, 18 den Tigris bei Çalmân entspringen lässt, so hat er س in ن verlesen, was in arabischen hdss leicht genug ist: die stadt heisst *Salmás* Qazwînî II 261, 24: Qazwînî meint I 178, 11 den sogenannten westlichen Tigris, dessen quelle man wohl in die nähe von Amida setzen darf. ich füge hinzu: wenn er 52, 15 den *Zahâvayi* (mit baktrischen buchstaben geschrieben) von *Atnpatakan* aus und in *Pars* ins meer laufen lässt, so kann er nur die beiden *Zâb* meinen Qazwînî I 180, 8: *ayi* sehe ich als rest eines arabischen obliquen dualkasus (*zâbaini*) an: der nominativ *alzâbâni* steht bei Qazwînî I 178, 15.

puṭra.

Eine meiner wichtigsten entdeckungen ist die zuerst 1854 in öffentlichem drucke mitgeteilte dass indisches *tra* im armenischen *rh* oder blos *h* lautet. ich kann jetzt durch sie auch die armenische endung *uhi* unterbringen. ich finde nämlich in dem venediger drucke der werke des Moses von Khorên β 37 (115 ende) *Smbaturhi* gedruckt, wo man sonst *Smbatuhi* sagt. ebenso γ 48 (240, 2) *Tağaturhi*. *Zaruhi* = Ζαρῖτις besprach ich in den materialien zur kritik und geschichte des pentateuchs I viii. *urhi* gehört also zu *puṭra*.

raêṭwisbağina.

Raêṭwiskare heisst der priester, welcher sich mit [dem wegschaffen] der unreinigkeit zu tun macht: vgl דשן II die asche forträumen. danach verbinde ich vendidad 14, 8 gegen Westergaard *raêṭwis* und *bağina* zu Einem worte.

bağina (ich hätte lieber *bâğina*) scheint mir das armenische *bažin*, welches Lc 12, 51 für διαμερισμός, Gen 31, 14 Sap 2, 9 und oft für μερὶς steht. man kann also zur not übersetzen „die unreinigkeit zerteilend", was mir nicht antik vorkommt: oder „die unreinigkeit als anteil haben, mit ihr beteilt". Avedikhean erklärt *bažin* in seiner grammatik 232 *baž kam pay unôl*.

zur wurzel *raêṭw* ziehe ich auch das neupersische *ruswâ*, das Fakhri 30, 19 zwischen *nâhwab* und *banafrîn* stellt, auch 132, 9 242, 9 362, 17 braucht und dessen abstraktum *ruswâî* er 42, 16 108, 13 206, 19 266, 18 anwendet: für den vokal vgl *rôiṭwen*.

Rañha.

Ich wünsche die abhdl 262, 40 xxiii XL vorgetragene vermutung dass die phrygische 'Ρέα (für 'Ρέά?) nichts als die baktrische *Rañha*, indische *Rasâ* ist, an einem mehr in die augen fallenden orte zu wiederholen. sonst vgl unten unter *taožya*.[1]) fluss *Rah* Koriuns geschichte Mesrops 11, 33.

---

1) es sollte nicht nötig sein darauf aufmerksam zu machen dass die Armenier ṙ [= hr] gerade in den bekanntesten namen wie 'Ριψίμη 'Ρώμη 'Ροδ durch *llr* geben. wer solche lappalien noch nicht weiss, darf sich nicht verführen lassen angebliche kenntnisse des armenischen zur schau zu tragen: er erreicht selbst bei solchen, die das armenische nur als theologen notgedrungen ein wenig angelernt haben, das gerade gegenteil von dem was er erreichen will. die Syrer schreiben sogar

ruć.

Die Baktrier brauchen *paitiruć* vd 18, 19 in einer weise, welche ratsam erscheinen lässt an armenisches *patṛoyk* und *patṛuǵak* zu erinnern. *patṛoyk* (auch *patṛoyg* geschrieben) würde baktrisch *paitiraoka* lauten und bedeutet den docht, λίνον Mth 12, 20 Isaj 42, 3 43, 17. *patṛuǵak* wird brandopfer oder braten bedeutet haben: Elischê 53, 15 *zohel patṛuǵaks.* für πρόβατον Reg α 25, 11 β 17, 29 Dan 13, 31 (gr 32).

zu dem zu *ruć* gehörigen *roǵik* abhdl 81, 19 ff bemerke ich dass in den heiligenleben I 11, 12 *roǵik* steht, wo Rosweyd 19[b] mitte *annona* hat. vgl MosKh 81, 19 Elischê 53, 15 71, 16 143, 24 169, 33 Paral β 2, 10. *rôzî* Fakhri 275, 18.

śayana.

Längst habe ich *śayana* der Baktrier dem armenischen *śên* gleichgesetzt, von welchem ein schwaches zeitwort *śinel* stammt. es ist also falsch zu sagen wie ich früher gesagt und andre von mir geborgt haben, *śinel* vertrete indisches *kśi*, baktrisches *kśi*, κτι in ἐυκτίμενος. *śên* und *śinel* ausführlich zu besprechen verspare ich auf meine abhandlung über die verfassung Armeniens unter den Arsaciden.

tać.

Eine wurzel *tak* gibt es im baktrischen nicht, *taka* gehört zu *tać*. das hauptwort *taka* hat sich im armenischen am deutlichsten im instrumentale erhalten: *takav* gilt den Armeniern als adverb und bedeutet doch nichts anderes als im ununterbrochenen flusse oder laufe. Gen 8, 2 (3 gr) *ziǵanḱr takav erṭayr ḱurn ev ṭulanayr yerkré* ἐνεδίδου τὸ ὕδωρ πορευόμενον ἀπὸ τῆς γῆς. hingegen der nominativ *tak* für βάσις steht, der fuss des waschnapfes Ex 40, 11 (die Mekhitharisten drucken hier *kariśk*), also völlig das persische *tak* ist, das nicht allein

---

רהומי. syrische schreiber oder eranische schüler von ihnen scheinen mir unsre baktrischen texte in den händen gehabt zu haben. den vokal ε drücken syrische schreiber der zweiten schule durch ה aus, σφαῖρα (gesprochen σφερα) durch ספהר. persisches ספהר ist gewiss nichts anderes als jenes syrische, also σφαῖρα. so schrieb man im baktrischen קהרף für *kerp*, קהרקאס für *kerkâça*, סטהר für *çter*: später wurde ε (gelegentlich auch falsch ein α) in den text gesetzt und das für ε dastehende ה nicht herausgenommen: so entstand *kehrp kahrkaça çtehr*.

lauf, sondern auch boden (eines teiches etwa) bedeutet. die Perser brauchen ihr dem armenischen *takav* eigentlich entsprechendes *batak* nicht sowohl für „im ununterbrochenen aber gemächlichen laufe“ als für „im raschen laufe, stürmisch“.

atak (jetzt meist falsch *yatak* geschrieben) ἔδαφος Num 5, 17 Reg γ 6, 15 16 30 (gr 28) 7, 7 Isaj 25, 12 26, 5 29, 4 Hier 31, 37 (gr 35) Ez 41, 16 20 Dan 6, 24 Iob 9, 8: πυθμὴν Prov 14, 12 16, 25: βάσις Ex 29, 12 30, 28^alex^: κρηπὶς Ios 4, 18 (*atak* = *potente sufficiente* gehört mit dem baktrischen *taḳma* zusammen). *yatakeḷ* κατασπᾶν Hier 1, 10 (vgl dort Spohn).

dazu, durch *uç* abgeleitet, *satakeḷ* aus den fundamenten reissen (*minćev syatakn ẖandeḷ*) ἐκριζοῦν Macc β 12, 7 (syrisch עקר): συμποδίζειν Ps οζ 31: καταφθείρειν Macc α 3, 39 und für viele ähnliche verben. passiv τελευτᾶν Sap 3, 18. *satakić* ὀλοθρευτὴς Cor α 10, 10: ὀλοθρεύων Hebr 11, 28. *satakumn* συντριβὴ Thr 3, 47 (gr 46).

wtak vom wasserabflusse ἄφεσις Ioel 1, 20: διέξοδος Ps ριη 136: λίμνη Ps ριγ 8: ὑδραγωγὸς Isaj 41, 18: χειμάρρους Lev 11, 9 Dt 8, 7 9, 21 10, 7 Iob 6, 14 (gr 15) Ps ογ 15.

aspatak pferdelauf = einfall, razzia. Moses 133, 21 136 13 [143, 10] 147, 12 Elischê 5 $\frac{13}{14}$: ὅρμημα Osee 5, 10 Ambac 3, 8. *aspatakeḷ* Macc β 13, 19: ἐξιππάζεσθαι Amb 1, 8: ἐκκλίνειν Reg α 17, 53. *aspatakavor* ἱππεὺς Iob 1, 17. vgl *nahatak* und *parsatak* MosKh 37, 23.

die bekannten neupersischen zeitwörter *andâẖtan pardâẖtan gudâhtan* entsprechen baktrischen kausativen.

taoḳman.

Ich habe längst *taoḳman* zu einer damals noch unbelegten wurzel *tuć* gestellt: jetzt sind durch Boehtlingk und Roth aus dem veda das femininum *tuć* und das neutrum *tokman* bekannt geworden. das armenische *tohm* (für *toḳm*) entspricht nicht jenem uralten *tokman taoḳman* (*man* erscheint im armenischen als *mn*), sondern wie das neupersische *tuẖm* dem jüngeren maskulinum *tokma*, wie denn auch in dem *taumd* der keilinschriften kein *n* vorhanden ist. vgl abhandlungen 48, 32 ff.

taoḳman wird trotz der kleinen abweichung in der form genau die bedeutung von *tohm* haben. *tohm* steht für γένος, aber nur wenn dies eine bei gemeinsamer abstammung religiös oder politisch zusammengehörige menschenmenge bezeichnet. es genügt auf Act 13, 26 zu weisen: dort werden entgegengesetzt υἱοὶ γένους 'Αβραὰμ und οἱ ἐν ὑμῖν φοβούμενοι τὸν θεόν. geborene Juden und proselyten: erstere heissen armenisch *ordiḫ abṛahamean tohmin.* bei Fakhri 30, 10 wird jemand gefragt *čih-nâm' i uzkih dâri tuḥm' u gôhar* „ein wasnamiger bist du und von wem hast du geschlecht und wesen?", ganz wie im Homer τίς; πόθεν εἰς ἀνδρῶν; πόθι τοι πόλις ἠδὲ τοκῆες;

mich als theologen geht *taok̨man* wegen yt 12, 17 gar viel an. das pfauenei galt einst weithin als sinnbild der grössesten entwickelungsfähigkeit, da dem unscheinbaren ovale solch eine welt von farben, ein *ṭâûs-i ṣad-rang* Fakhri 127, 7 (vgl 66, 17), entsteigt. jene stelle des yascht zeigt dass auf dem baume des *çaêna* aller bäume *taok̨man* niedergelegt ist. von dem pfaue habe ich aber (jetzt abhdl 227, 39) nachgewiesen dass er von den Armeniern *siramarg* als *çaêna merega* = *simurġ* (Fakhri 39, 5 stellt den *simurġ* neben den *ṭâûs*) genannt worden ist: also stammt jene symbolik aus Medien.

die Römer haben übrigens in ihrem *pauo* (Varro schrieb *pauus*, vgl die sammlung seiner satyrenfragmente von Riese 193, 3), das sicher nichts anderes ist als die ältere gestalt unseres armenischen *hav* (vogel im allgemeinen — ὀρνίθιον Lev 14, 4 oder ὄρνεον Apoc 19, 17 — und hahn im besonderen), den beweis geliefert dass *siramarg* nicht dem ersten besten genannt wurde, oder dass der parthische dialekt mit dem haikanischen zu Lucullს zeit noch nicht verschmolzen war. auch ταώς (Ribbeck zu des Aristophanes Acharnern 63) scheint nichts als jenes *hav* für *pav*, dessen genetiv *havu*: vielleicht entstand ταώς für παώς erst durch einen alten schreibfehler nach abhdl 224, 29: vgl auch meine *reliquiae graec* vorrede 37 über πράσος. das armenische *hav* grossvater hängt mit dem griechischen πάππος zusammen.

übrigens verhehle ich nicht dass in der angezogenen stelle des yascht nach *upairi* mir *upa* ausgefallen scheint: neupersisch würde man ja doch sagen *kih bar ô . . . panhân ast*, nimmermehr (was bei seite gelegt bedeuten würde) *nihâdah ast.*

taožya.

Vendidad 1, 20 habe ich in den gesammelten abhandlungen 263 auf das land der Amazonen an der Wolga bezogen. darf ich daran festhalten, so hoffe ich auch den dunkeln ausdruck *taožyâča dašhéus aiwistâra* erklären zu können. ich übersetze ihn καὶ τοὺς ζημιώδεις [ἐκ] τῆς πατρίδος ἐξορισμούς.

zunächst kann *aiwistâra* nicht, wie allgemein geglaubt zu werden scheint, von der wurzel *çtar* herkommen, da deren *ç* nie in *s* übergeht. *aiwis* wird eine weiterbildung von *aiwi* sein, wie *paitis* (= neupersischem *pês*) eine solche von *paiti* ist: die inschrift von Behistan hat in der tat einmal *abis*. *aiwis-târa* ist also ein naher verwandter des oben besprochnen *aiwitara*, ein abstraktum, welches etwa verbannung bedeuten muss.

sodann ist *taoźya* deutlich ein von einem hauptworte abgeleitetes adjektiv, welches meines erachtens sich nur dann als vertreter eines substantivums ansehn liesse, wenn ein hauptwort allgemeiner bedeutung leicht im gedanken ergänzt werden könnte. welches das hier sein sollte, sehe ich nicht ein. darum muss ich aber auch *taoźya* als das fassen, was es formell ist, als eigenschaftswort.

mit dem indischen *tâuśâra* und dessen simplex *tuśâra*, mit dem man seit Holtzmanns so vieles enthüllendem buche über die keilinschriften unser *taoźya* zusammenzustellen gewohnt ist, vermag ich das baktrische wort nicht in verbindung zu bringen. ich kenne Holtzmanns vorschlag seit sehr langer zeit, und habe seitdem stets auf ein zweites beispiel der entstehung von *ź* aus *ś* vor *y* gefahndet, vielleicht, da meine eranischen studien sehr desultorisch betrieben werden mussten, deshalb vergeblich, jedenfalls aber vergeblich. *tuśâra* sieht mir (bereitwillig füge ich hinzu: dem dilettanten in der sanskritphilologie, der aber doch wider seine intuition nicht kann), es sieht mir *tuśâra* gar nicht echt-indisch aus, und Roth-Boehtlingks verweisung auf *tuhina* vermag in meinen augen die ursprünglichkeit der vokabel in Indien nicht zu sichern. das eine citat aus dem rigveda kann ich zur zeit nicht nachschlagen, von den übrigen belägen ist keiner aus der eigentlich alten litteratur. ich vermute dass *tuśâra*, das nachweislich für *Tuḳâra* = Τόχαρος (also *ṭuḳari-ḥ* Moses 614, 20 und *tuḫwâr* Firdausis) vorkommt, erst aus *Tuśâragiri* = *Himâlaya* abstrahiert ist. man kannte die Tocharen nicht, von denen die schneeberge den namen hatten, und bildete sich darum ein, *tuśâra* sei etwa so viel als *hima*.

weiter habe ich den eindruck dass man im baktrischen von

einer *dashu* gar nicht sagen könne sie sei mit schnee oder reif bedeckt. *dashu* ist ein politischer begriff. ich erwartete, falls von dem die rede wäre, was die ausleger in der stelle finden, nicht *dashéus aiwistâra*, sondern *zemô aiwiçtâra*.

und was soll es schliesslich heissen Ahriman habe in jenem lande winter und reifbedeckung geschaffen? der reif ist doch hinlänglich harmlos. mindestens müsste *taoźya* schnee sein: allein für den haben wir bereits das wort *vafra* = neupersischem *barf*, und es ist nicht wohl denkbar dass für ein sich stets und aller orten so gleichbleibendes ding wie der schnee ist, irgend welche synonymie sich gebildet haben sollte.

taoźa, das supponierte stammwort von *taoźya*, ist lautlich genau das armenische *toyź*. Prov 27, 12 'i *toyźs anksin* ζημίαν τίσουσι. dazu *tuźel* ζημιοῦν Prov 17, 26 19, 19 21, 11 Mth 16, 26 Mc 8, 36 Lc 9, 25 Cor α 3, 15 und ein hauptwort *tugan-ḥ* ζημία Esdr β 7, 26: vgl Esdr α 8, 27 (24 gr). die formell und auch wohl dem sinne nach entsprechenden neupersischen zeitwörter *tôḫtan tôzîdan* (stamm *tôz*) kenne ich zur zeit fast nur aus dem wörterbuche: doch findet sich das erste im pehlewi als תוחתן, von dem ein baktrisches *ćiṭa* übersetzendes abstraktum *tôǵaśn* stammt.

soviel ich weiss, wird über die Amazonen bei den alten erzählt, was Qazwînî II 408, 29 von seiner allerdings auf einer insel des westlichen ozeans belegnen weiberstadt berichtet: die von ihnen geborenen knaben seien getötet, die mädchen grossgezogen worden. doch erscheint bei Curtius ϛ 5, 30 ein versprechen der Amazonenkönigin, allerdings an Alexander, *feminini sexus se retenturam, marem redditiuram patri.* die Griechen und Römer haben ja auf jeden fall über die Amazonen nur ins mythische ausgewachsene nachrichten: das wahre an der sache scheint nach dem vendidad zu sein dass die nachgeborne jugend dieses volkes in eine art *uer sacrum* aus der heimat fortgeschickt wurde, vermutlich weil das land zu arm war eine starke bevölkerung zu ernähren.

noch erwähne ich dass im armenischen der ständige gegensatz von *toyź* (vgl die angeführten stellen der evangelien) das von mir (abhandlungen 46, 15 68, 10) als vertreter von *kśaṭra* erkannte *śah* ist: die Eranier sind so streng monarchisch gesinnt (vgl *ḥarenaṅh*), dass die begriffe herrschaft und nutzen ihnen zusammenfallen: die Amazonen *açârô aiwyâkśayéiṇti*:

wenn sie *taoža* = *toyž* haben, besitzen sie eben *çâra*, das synonymum von *kšatra* = *šah* nicht. möglich dass die neben den Amazonen genannten Σαραπάραι (abhandlungen 281, 3) nicht κεφαλοτόμοι, sondern republikaner waren.

tar.

Im armenischen gibt es ein adjektiv *taṛ* fern abgelegen. *gal 'i taṛ aškarh* ἀποδημεῖν Mth 21, 33 25, 14 Mc 12, 1. *gnaçeal 'i taṛ aškarh* ἀπόδημος Mc 13, 34.

taradhâta der yaschts wird dasselbe sein was das armenische *taṛadat*, das im wörterbuche zwar *perplesso dubitoso* übersetzt wird, dem seine ableitung *taṛadatel* aber die bedeutung unterschieden ausgezeichnet sichert. jenes *dubitoso* ist erst dadurch der sprache aufgezwungen, dass διακρίνειν, das durch *taṛadatel* übersetzt wird, im medium διακρίνεσθαι διακριθῆναι zweifeln bedeutet.

tarômati gehört mit *taṛamtuṭiün* zusammen.[1])

ṭbiš.

Das von *ṭbiš* gebildete hauptwort *ṭbaêša* scheint mir im neupersischen als name des bekanntlich sehr giftigen eisenhuts *bêš* erhalten: die Armenier lassen aus ihrem *wišt* ein weibliches abstraktum *ṭbišti* erschliessen. *wišt* unglück bedrängniss ist zu häufig als dass ich es zu belegen hätte.

ṭkaêša.

Allerdings ist *ṭkaêša* das armenische *ḥêš*, dies *ḥêš* ist aber kein einheimisches wort, ja es ist nicht einmal ein eingebürgertes fremdwort. schon der umstand dass *h* für baktrisches *k* steht, beweist dass *ḥêš* nicht haikanisch ist. *ḥêš* wird nur von der persischen religion gesagt, höchstens begreift es, wenn von dieser geredet wird, andere heidnische glaubensformen mit. *Paṛsiç ḥêš* (die Mekhitharisten nehmen das wort in ihrer ausgabe des Eznik sogar in das register unter die eigennamen auf) Eznik 110, 19 111 $\frac{18}{20}$. warum hassen die magier die gnostiker? (*zandik* Elischê 50, 13 ist natürlich ein persisches *zandî* in der dicken auch zu den Arabern gedrungenen pehlewiform

1) die Inder haben für wald *kântâra* „wie undurchdringlich“, die Armenier ohne fragewort *antar* δρυμός Iosue 17, 15 18 Iud 4. 16 Par β 27, 4 Reg α 14, 25 β 18, 6 8 17 γ 7, 2 10, 17 21 δ 2, 24 19, 23 Ps 80, 14 83, 15 96, 13 Isaj 7, 2 10, 18 21, 13 29, 17 32, 15 19 37, 24 56, 9 65, 10 Hier 5, 6 10, 3 21, 14.

זנדיק) *'i ḫêšin mi en erkoḫean* sind sie doch beide Eines aberglaubens! sagt Eznik 116, 21 ff. vgl 117, 11 122, 17 140, 6. *ḫêš* ist nicht armenischer als *deni mazdêzn* Elischê 20, 2 vgl 28, 13 113, 20. neupersisch *kêš* Fakhri 8, 16 113, 6 [ebenda 132, 8 neben *ćâdar* ein kleid].

ṭraêtaona.

Saint-Martin (meine abhdl 229) hat bei Moses von Khorên den Firêdûn der Perser erkannt. ich komme bei der wichtigkeit der sache noch einmal auf sie zurück, um an diejenigen, welche alte handschriften des Moses einsehn können, die frage zu richten ob für *Hṛudenay* oder *Hṛodanay* der drucke nicht auch *Hṛedunay* gefunden wird. nur *Hṛedun* würde dem *Frêdûn* der Parther entsprechen: das *H* beweist dass die sage den Armeniern erst bekannt geworden, als *ṭ* der alten form schon in *f* umgesetzt war: *h* kann im anlaute nicht für *ṭ* stehn.

ṭrâiti.

Nach AKuhns schöner erklärung ist Ἥφαιστος ein superlativ und bedeutet den am meisten zur sippe gehörigen, wie denn ἑστία *Vesta* längst als mit der wurzel *vas* wohnen beschlechtet erkannt sind. da das feuer nach altem glauben zum hause gehört, kann auch das haus nicht vom feuer getrennt werden: so erwartete ich im yaçna 62, 4 dem feuer vor allen dingen ein gutes heimwesen abgebeten zu finden: *ṭrâiti* entspricht lautlich vollkommen dem bekannten persischen *sarây* (für *srây*): darum übersetze ich *ṭrâiti* mit haus wohnung.

ṭrâṭra.

Als ich vor 16 jahren entdeckte dass indischem *tra* im armenischen *h* entspricht, habe ich auch *sṛah* mit einem worte auf *tra* identificiert. später bot sich das baktrische *ṭrâṭra*, ein in verschiedenem sinne verwendetes neutrum. da ich aber sonst kein beispiel dafür hatte, dass baktrisches *ṭ* im armenischen als *s* erscheint, konnte ich *ṭrâṭra* wenigstens nicht mit voller sicherheit = *sṛah* setzen. es findet sich aber ein umstand, welcher die gleichung unerlaubt erscheinen lässt. *sṛah* steht für στοά Ioh 5, 2 10, 23 Act 3, 11 5, 12: αὐλή Mth 26, 3 58: ἔπαυλις Ex 8, 13: das davon abgeleitete *sṛahak* (ich citiere absichtlich aus der beschreibung der stiftshütte keine beläge) lautet im arabischen *surâdiq* (abhdl 77,

1 15: falsch Gawâliqî 90, 8 und Sachau dazu 43), welches wort in meinen materialien zur kritik und geschichte des pentateuchs oft genug gelesen werden kann. damit ist ein persisches *srâdah* erwiesen, dessen *d* (vgl abhdl 44, 9) jeden gedanken an älteres *tr* durchaus verbietet: damit ist denn aber auch erwiesen dass *srah* nicht *ṭrâṭra* ist. die frage ob *srah* zur wurzel *ṭrâ* gehört bleibt vorläufig noch offen: sowie im baktrischen selbst ein *çrâ* im sinne von *ṭrâ* nachgewiesen sein wird, kann ich auch *srah* als vertreter etwa von *çrâḍa* gelten lassen.

udra.

Dass *udra* mit *upâpa* bezeichnet wird, beweist entweder dass *udra* nichts mit der wurzel *ud* zu tun hat oder dass die Baktrier die abstammung des wortes nicht mehr empfanden. Spiegel erkennt richtig im *udra* unsern otter: den beweis gibt mir Elischê 43 $\frac{14}{13}$, wo verordnet wird im zoroastrisierten Armenien *śnçrịh̠ ev alovésh̠ ev napastakh̠ mi merṣen* wasserhunde und füchse und hasen sollen nicht getötet werden: *śnçṛi* ist aber nach Ciakciak, der vom avesta keine ahnung hat, *lontra*. ist *ḳarnap̄ndoṛ* Elischê 43 $\frac{16}{17}$ *ḳrafçtra*?

die Lateiner nennen das tier *lutra*, die Griechen ἐνυδρίς. letzteres ist rationalistische verderbung, *lutra* dürfte beweisen dass die Baktrier recht taten *udra* nicht von *ud* abzuleiten und deshalb ohne besorgniss vor einer tautologie *udra upâpa* sagen konnten.

dass hasen und füchse den Persern als heilig gegolten, ist mir sonstwoher nicht bekannt: אַרְנֶבֶת ist mir lange eranischer herkunft verdächtig und könnte mit *napastak* zusammenhängen. *airyanaptya* wegen der starken vermehrung? den Syrern und Arabern zu liebe wäre auch eine form ohne *ti* anzunehmen möglich. zu Iohannes Mamikonean 38 $\frac{7}{8}$ stimmt Elischês bericht schlecht. vgl *mélanges asiatiques* 1857, 130.

ûna.

Die Armenier haben nebeneinander *amén* und *amenayn*, *ham* und *hamayn*: ich glaube daher auch ein recht zu haben ihr *unayn* dem baktrischen *ûna* gleichzusetzen. *unayn* κενὸς Mc 12, 3 Lc 1, 53 20, 10 11. daneben ein wohl *ẹnd unayn* zu schreibendes *ẹndunayn* Cor α 15, 10 14 58 β 6, 1 Gal 2, 2 Phil 2, 16 Thess α 2, 1 3, 5.

upa.

Ich liess 1854 drucken: „indisches *upa* = armenischem

pa: auch im neupersischen *pa* zb in *padid* offenbar = *upadyâta* und *panhân* von *upanidâ* verborgen".

upairikairya uparôkairya.

Baktrisches *upairi* lautet bekanntlich im „parsi" *awar*, im neupersischen *bar*: dem baktrischen *kairya* und dem *kara* entspricht neueres *gar*. so erhalten wir für *upairikairya uparôkairya* neupersisches *bargar*, das glück bedeuten soll und auch glücklich bedeuten kann.

upaçtarena.

Das armenische *pastar* übersetzt στρώμνη Ez 27, 7 Esth 1, 6 und entspricht baktrischem *upaçtarena* wie *par* dem oben 38, 22 genannten *parenanh*. davon *pastarakal* σινδὼν Iud 14, 12 13 Luc 23, 53: *pastaralir* ἀμφίταπος Prov 7, 16. die Perser nennen angeblich eine papierne unterlage *pastarak*, sonst brauchen sie *bistar*, was eigentlich *gustar* heissen sollte (abhdl 33, 19 152, 22ⁿ), sich aber aus dem uralten, jeden abend neu gebrauchten stabreime *bistar u bâlîn* bis auf uns erhalten hat. Hafis 16, 3.

urunya.

Ueber die baktrische endung *ya* sollte man eine genaue untersuchung anstellen: wörter, welche sie haben, haben neupersische neben sich, in denen sie fehlt: etwa composita auf *kairya* gehn jetzt auf *gar* aus. so kann ich über *urunya* nur vermutungen vortragen. dürfte ich *urunya* = *barnî* setzen, so wäre erwiesen dass *urunya* von *var* stammte (armenisch *wran* σκηνή??): vgl unter *vazdanh*. darf ich neben *urunya* ein *uruna* ansetzen, so würde diesem das hebräische גֹּרֶן, arabische *ǵurn*, syrische גרון ebenso entsprechen, wie syrisches אושן dem neupersischen *guśn* abhandl 11, 17: vgl unten *vohûkereti*. die semitischen worte bedeuten alles mögliche: tenne, kelter [geopon 98, 17], wanne, wasserbecken, reliquienurne, sarkophag [meine materialien II 182, 9], weihwasserkessel. in *urunya raêtwisbaǵina* vendidad 14, 8 sehe ich die unreinigkeitbegabte urne (*urna* ist aber ja nicht *urunya*, sondern stammt wohl von *uś* brennen) = weihwasserkessel. vgl *raêtwisbaǵina*.

vaêǵanh.

Dem *vaêǵanh* müsste nach den lautgesetzen im armenischen *wêź* entsprechen. ein solches wort ist vorhanden und bedeutet wie *bêź* vorhang decke. dies scheint auf das neupersische *âwîhtan* zu weisen, dessen stamm auf *ǵ ź* ausgeht: *âwêǵ âwêz* heisst etwas hängendes und ist nur um die praeposition reicher als jenes *wêz bêz*. aber die Armenier kennen *wêz* noch in einer anderen bedeutung. *gahawêz* von einem abhange hinuntergestürzt Zenobius von Glak 29, 26 Iohannes Mamikonean 30, 21: *gahawêz arnel* καταχρημνίζειν Lc 4, 29 Par β 25, 12: *gahawizutiün* bergschlucht Moses γ 68 (272, 20): *getawizutiün* Iohannes Mamikonean 18 $\frac{1}{1}$. als ich meine abhandlungen drucken liess, hatte ich den 14 yascht noch nicht genau gelesen, und zog deshalb das armenische *gah* κρημνὸς zu *gâtu* (6, 16), da es doch zu *gâtanh* gehört: yt 14, 21 lese ich *vî gâtô marezat kaofanqm*, da *vîmarez* auch 45 vorkommt. in *gahawêz* sehe ich *gâtôvaêja*. darf ich *vaêgaṅh* als das land der abhänge oder bergabfälle verstehen? angelsächsisches *hlidh* wie die ihm verwandten κλίτος κλιτύς können leicht in die allgemeinere bedeutung des derselben wurzel angehörigen κλίμα übergehn: warum nicht auch *vaêgaṅh*? die Griechen würden das land κλίμακες genannt haben.

nach abhdl 158, 3 sehe ich in מָגוֹג *maguvaêgaṅh* oder vielmehr *magu* und die nebenform von *vaêgaṅh*, welche im baktrischen als *vaêga*, im armenischen als *wêg* streit zank bedeutet und die sich zur wurzel *vig* verhält wie *têg têg* zu *tig*. die kontraktion der urform *Maguvaiga* zu מָגוֹג steht ziemlich auf einer linie mit den baktrischen formen *Harôyum vidôyum* von *Haraêva vidaêva*.

auf das deutsche *wege* in Wodenswegen (meine Clementina vorrede 20 abhandlungen 64, 30) will ich wenigstens aufmerksam machen: Grimm gibt in der mythologie näheres. angelsächsisches *vig* kampf streit scheint mit dem oben erwähnten *vaêga* zusammen zu gehören: *he vidh tham vyrme geveyan sceolde* Beowulf 2401. armenisches *wiġak*, das gewöhnliche wort für κλῆρος, entspricht neupersischem *wêzah* Fakhri 53, 21.

vaṅhu.

1851 verglich ich *vaṅhu* mit armenischem *weh*, persisches *bah* hatte längst Burnouf als *vaṅhu* erkannt. *weh* wird in der 63, 20 usw angekündigten abhandlung besprochen werden. die Griechen haben nicht allein ἐυ- sondern auch ἐό: Boeckh CIG II 63[b] 159.

vazdaṅh.

Spiegel sieht in dem *vazdaṅhâ* yaçna 49, 10 (bei ihm

48, 10) den instrumental eines „bosheit“ bedeutenden wortes: die begründung der übersetzung fehlt bei ihm. mir ist, obwohl ich sie als möglich zugebe, die bedeutung bosheit für *vazdanh* in dem zusammenhange zu allgemein: ich übersetze schlaffheit.

im neupersischen geht *bazîdan* neben *wazîdan* her, *barzîdan* neben *warzîdan*: *bârîdan* sagt man für regnen, wo der Baktrier die wurzel *vâr* braucht, *bîn* am ende von zusammensetzungen, wo die alten nord-ost-Eranier *vaêna* gesagt hätten: von *bah* für *vanhu* zu schweigen und von *bâ* für älteres *awâ*.

das armenische *w* entspricht nicht selten neupersischem *b*. zum beispiel *wačar*[1]) (dies lehrte ich schon 1854) = *bâzâr* (woher *wačarik* = *bâzâri*), *wang* = *bâng*[2]), *waravand* = *barband*, *warẑel* dasselbe wie *barzîdan*, *wer* = *bar* = baktrischem *upairi* = „parsi“ *awar*.

sonach ist völlig erlaubt neupersisches *bad* armenischem *wat* gleichzusetzen. *wat* ὀκνηρὸς Prov 6, 6 9 18, 8 20, 4 21, 25 22, 13 26, 13—16. davon *watuṭiün* ὀκνηρία Eccl 10, 18: δειλία Prov 19, 15. und *wateḷ* (*watiḷ*) ἀσθενεῖν vom weinstocke Mal 3, 11: ἀμαυροῦσθαι von augen Dt 34, 7: ἀμβλύνεσθαι ebenso Gen 27, 1: ἀμβλυώττειν [?] desgl Reg γ 14, 4: ἀπόλλυσθαι durch hunger [*sow* = pehlewi סוי] Ez 34, 29: *wateaḷ* τὸ ἐκλιμπάνον von irre gegangenen schafen Zach 11, 16. auffallend transitiv ἀποσκορακίζειν Isaj 17, 13 (ich schreibe *watnessé* für *watessé*, da *watneḷ* Lc 15, 13 für διασκορπίζειν, Ez 34, 12 für διαχωρίζειν verwendet ist: vgl Elischê 38, 26). weiter eine ganze reihe von zusammensetzungen: ich hebe hervor *watanun* Elischê 85 $\frac{11}{13}$ soviel als *badnâm* übelberufen: *watasirt* Iud 7, 3 Macc β 8, 13 Elischê 61, 13 soviel als *baddil* feige: *watabaḳt* = *badbaḥt* unglücklich, woneben ein einem *badbaḥti* entsprechendes *watabaḳtik* oder *watabastik* gilt. *watuṭiün* Elischê 98, 20.

dass nun das persische *bad* mit dem armenischen *wat* wirklich identisch ist, wird über jeden zweifel dadurch erhoben, dass auch der persische komparativ *badtar* (Fakhri 186, 15 200, 1) oder *battar* (derselbe 86, 4 115, 8 128, 16) im armenischen als *waṭṭar* umläuft. *waṭṭar* τὸ ἧττον Cor α 11, 17:

---

1) πρᾶσις Gen 42, 1 Lev 25, 14 25 27 28 Reg δ 12, 5 7 Neh 13, 16 Amos 8, 6 [Parsons]: ἀγορὰ Ez 27, 12 18: ἐμπορία Ez 27, 13 Mth 22, 5: πανήγυρις Osee 2, 11. | 2) Fakhri 35, 14.

ἥττων Iob 5, 4 20, 10: χείρων Reg α 17, 43. später wird der komparativ nicht mehr gefühlt: *wattar* εὐτελής Sap 11, 16 13, 14: davon sogar *wattaragoyn* χείρων Sap 15, 19 (18 gr). *wattarutiün* bedeutet dasselbe was *badtarî* bei Fakhri 229, 10 *bahî u badtarî dar mâ sirištah* güte und schlechtigkeit ist in uns gemischt. *wattar* bei Elischê 17, 30 38, 4 (im gegensatze zu *weh* = *bah*) 60, 29.

vor dem *d* des aus *tanh* herabgesunkenen affixes *danh* musste *d* zu *z* werden: so entstand aus *vad* regelrecht *vazdanh*.

veretra.

Aus dem von mir entdeckten gesetze dass *tra* bei den Armeniern der zweiten schicht *rh h* geworden, folgt dass *veretra varetra* am Ararat *wah* lauten müsse. es tut dies in *Veretragna* = *Wahagn*. das einfache *wah* (nicht *weh*, da das für *vanhu* galt) ist nicht erhalten; nur das particip des (wie *pahel* von *pah* gebildeten) jetzt verlorenen *wahel*. *wahan* Elischê 47, 15: ἀσπίς Reg α 17, 6 Par α 5, 18 Iob 15, 26 41, 6 Sap 5, 20 usw: θυρεός Eph 6, 16.

vîtaretôtanu.

Vîtaretôtanu übersetze ich ins neupersische *tan-gudaštah* = *celui dont la beauté du corps est passée*. einem *vîtara* entsprechendes *gudar „passant"* braucht die grabschrift bei Chodzko 206 E: in anderem sinne erscheint dies wort bei Fakhri 121, 14 und in *gudarbân* fährmann, dem ziemlich armenisches *wtarapah* entspricht ὁ φυλάσσων τὴν ὁδὸν Hierem 35 (μβ), 4 (vgl Spohn): vgl *gudargâh* Scherefnâmeh I 276, 12.

vohûkereti.

Schon als ich zum ersten male den vendidad durchlas, 1853, habe ich *vohûkereti* dem hebräischen גָּפְרִית gleich gesetzt: femininum dem femininum. das *v* einiger eranischen dialekte geht in andern in *g* über. in den abhandlungen 45, 10—46, 2 ist nachgewiesen dass schon bei Herodot in Κυαξάρης, bei Ktesias in Ἀρτοξάρης (wo ξάρης = *šahr* = *kšatra*) eine form vorkommt, die wir neupersisch nennen würden: und schon früher (jetzt in den abhandl 264, 10) zeigte ich dass in Kappadokien schon vor der abfassung eines teiles der homerischen gedichte eine sehr zusammengefallene eranische mundart geredet wurde. so brauche ich keinen anstand zu nehmen jene 1853 gefundene gleichung *vohûkereti* = גָּפְרִית auch öffentlich anzusetzen. גפרית hat bekanntlich im arabischen als *kibrit* die bedeutung schwefel: ganz ebenso *vohûkereti* als *gôgird* im neupersischen. in *gôgird* ist der vokal von *keṛeti* ganz ebenso verdünnt wie in den städtenamen auf κερτα, die jetzt auf *gird* ausgehn: auch *k* ist zu *g* gesunken wie in diesen. die *vohûkereti* gehörte nach vendidad 18, 71 zu den weichen holzarten, was für mich spricht. dass עץ [und das zu diesem sich etwa nach abhandlungen 13, 17 verhaltende syrische קיס] indogermanisch ist, nämlich *edas*, desselben stammes wie *aéçma* und neupersisches *hézam*, sagte ich anderswo.

yâçkeret.

Dass *l* in den eranischen sprachen ein schwieriger buchstab sei, sagte ich in den abhandlungen 215, 5. es ist nicht zu leugnen dass armenisches *ḷeard* und *ḷuz̧* ihn für indisches, auch durch andere indogermanische sprachen geschütztes *y* eintretend zeigen: denn *ḷeaṛd* ist *yakṛt ǵigar*, wo ἧπαρ und *leber* beweisen dass indisches *k* (wie in baktrischem *vohûkereti* = נפרית im vorigen § baktrisches) in *p* umgesetzt worden ist: weiter *ḷuz̧* (daneben *zoyg*) ist mit ζυγὸν *ǵuǵ ǵôǵ ǵôh* zur wurzel *yuǵ* zu stellen. so kann es kein bedenken haben in *yâçkereṭ* das neupersische *laśkar* heer zu sehn, um so weniger, als die Araber in ihrem aus Eran entlehnten עסכר die erste sylbe weit reiner erhalten haben als die neuPerser, und dabei doch wissen dass עסכר und *laśkar* ein und dasselbe sind. unsere zeitungsleser können also nun erfahren, woher der türkische *sar-i askar* den titel hat.

yuz.

Als die pferde, sagt Zenob von Glak 25, 37 ff, den schall der trompeten hörten, fiengen sie an zu wiehern und *pateṛazm yuzeḷ* kampf zu suchen: im neupersischen erhielt sich *razmeyôz* kampfbegierig. daraus erläutert sich yt 10, 36 (wo mir *karanô* grammatisch unklar ist) *yaozeṇti viçpê karanô raçmanô*. *yuzeḷ* für ἐγείρειν (τὸν θυμὸν die wut: ich gebe nicht ἐξεγείρειν an, da ἐξ durch *yoyź* vertreten ist) Macc β 13, 4. ebenda 14, 6 πολεμοτροφοῦσι καὶ στασιάζουσι *'i maṛt pateṛazmi patṛasteaḷ en yuzen hanapaz źlolows noşa.* Elischê [illegible] *yuzêṛ ev ḫnnêṛ zwṛipumn* er suchte und erstrebte die rache. vor allem Elischê 35, 31 ff *ibṛev zćaṛadev mi oć evs dadarêṛ yuzeḷ ev śaṛźeḷ zbuḫ zmeṛainvoy, oṛpês ev nmaneal isk êṛ z̧owaşup aḷêkoş krowuṭean*: womit man die stellen der baktrischen bücher erläutern mag, welche *yuz* vom meere Vourukascha aussagen.

da der *yôz* zur jagd gebraucht wird, mag er von dieser wurzel als *yaoza* sucher benannt sein. *yôz* (durch den reim auf *rôz* ist der guna sicher) Fakhri 40, 12 270, 21 399, 20 147, 16 245, 22 235, 22. das armenische *yawaz yowaz* abhandlungen 53, 13 kann ich damit nur so vereinen, dass ich eine entlehnung in sehr später (sasanidischer) zeit annehme: sonst hätte *yoyz* gesagt werden müssen, wie in *hetayoyz* fussstapfensucher, späher Moses β 37 (116, 4) wirklich gesagt wird.

eine weiterbildung der wurzel ist *yuks*, dessen ableitung *yaokša* in neupersischen schwachen zeitwörtern *yôšîdan* (Fakhri 210, 13) *niyôšîdan* und dem zusammengesetzten *daryôš* abhdl 34, 7 (neben dem zum einfachen *yuz* gehörigen *daryôz*) erhalten: vgl Plato staat β 364[b] ἀγύρται ἐπὶ πλουσίων θύρας ἰόντες (ς 489[bc]), gesetze ιβ 953[cd] ἴτω . . . ἐπὶ τὰς τῶν πλουσίων θύρας. *niyôšidan* übrigens ist zweimal im neupersischen da, das eine ist unser von *yaokša* stammendes, das andere von *gaoša* hergeleitet und steht für *nigôšidan*.

žafra.

žafra hat sich im neupersischen als *žarf* erhalten, wie *vafra* als *barf*. *žarf* tiefe Fakhri 98, 22 198, 16 vor *daryâ*.

Nachträge.

Zu 34, 21.

Es versteht sich von selbst dass ich nach dem im texte vorgetragnen das in den abhandlungen 42, 30 gemachte zugeständniss zurücknehme und wieder huzòresch sage, wie ich (1852) 1854 vorgeschlagen. Spiegels sehr unnötig gereizte auseinandersetzung in seiner „huzvaresch“grammatik läuft doch, wenn man die paralogismen bei seite lässt, nur darauf hinaus, dass Einmal mit baktrischen buchstaben *uzvars* geschrieben steht. ich gebe zu dass die Araber, als sie über die schrift und sprache von Sawâd erkundigungen einzogen, aus büchern bescheid erhielten, in denen sich, wenigstens nach der meinung der den bescheid erteilenden, ebenfalls *uzvars* genannt fand:

denn sie umschreiben אחואר׳ש und וואר׳ש (vgl noch meine materialien II 92, 34 und die entsprechende stelle bei Eutychius), aber was beweist das bei dem damaligen stande der dinge überhaupt und der wissenschaft ins besondere? war nicht das ganze nationale leben Erans so völlig aus den fugen, dass jedes verständniss des altertums unmöglich geworden sein musste? und war nicht gerade das staatliche leben den Semiten von jeher ein so ganz fremdes ding, dass sie es gewiss, sowie sie ihre füsse auf eranischen boden setzten, nicht blos nicht verstanden, sondern (gerade weil es mit das beste der besiegten war) zertraten und so wenigstens im westen bald jede erinnerung daran auslöschten? Armenien, Spanien und Polen sind an den Juden zu grunde gegangen, Eran an den Arabern. das was zum verständnisse des namens huzóresch nötig war, gehörte nicht einmal der ursprünglichen eranischen stammverfassung an, sondern war durch die eingedrungnen, oberflächlich eranisierten Turanier eingeführt: sein verständniss musste also, weil es selbst nicht im eigensten wesen der nation wurzelte, um so rascher vergessen werden. weiter: die semitische pest des buchstabendienstes war schon weit genug verbreitet, um auf einem schreibfehler sogar systeme zu gründen; nachgedacht hat nie ein Araber über einen namen: alles ohne ausnahme ist ihm *ma:rûf bi·l·ism, maǵhûl bi·lḍism*: er etikettiert die dinge, er begreift sie nie. wenn Spiegel einmal, wie ich es getan, die durch die gedankenlosen Semiten und ihre schrift veranlassten verstümmelungen von östlichen und westlichen mannes- tier- und pflanzennamen in Europa verfolgen will, wird ihm nicht mehr einfallen aus einem — man merke wohl: ihm und aller welt unverständlichen — *uzvars* etwas zu folgern. eine analogie mag mich verteidigen. wie viele frauenzimmer laufen in Deutschland mit dem namen Hertha umher, und bilden sich ein nach der alten deutschen erdgöttin zu heissen. schneider wie obertribunalsrat glaubt festiglich an diese Hertha, und freut sich seiner durch die benennung seiner tochter nach ihr zu tage getretenen Deutschheit um so kräftiger, je gefahrloser diese art von deren betätigung und je weniger sonst von deutschem wesen in seinem leben zu spüren ist. er hat etwa vom Juden Shylock den rechtsstaat acquiriert, von den Karaiben das tabackrauchen, von gott weiss wem sonst gott weiss was sonst nicht blos undeutsches sondern widerdeutsches: der instinkt der eignen volkheit fehlt ihm: aber seine tochter, das echtdeutsche kind, heisst Hertha. wenn man ihm an den namen tastet, wird er böse, klagt mit Spiegeln dass „aller sinn für historische auffassung ertötet ist“, dass der spötter „den sachverhalt, wie man leicht sieht [*captatio beneuolentiae* hilft immer], völlig verdreht“. und dabei steht jetzt sogar in den schulausgaben des Tacitus wieder ganz ruhig *Nerthus* (Germania 40), wie der perizonianus von zweiter hand für das *Neithus* seiner ersten hat, und längst (ZDMG II 126) ist diese *Nerthus* in der indischen *Nṛtu* BR IV 306 erkannt. was folgt? die künstlichkeit, ja verlogenheit unsrer zustände, aber nicht im entferntesten die echtheit der „Hertha“ noch auch die berechtigung zur denunciation derer, welche sich über sie lustig machen. eine einzige stelle eines einzigen in einer einzigen handschrift erhaltenen buches ist von einem δοχησίσοφος „emendiert“ worden, und eine ganze nation lässt sich von ihm an der nase herumführen. und dabei ist „Hertha“ doch wenigstens noch „erklärt“: „*huzvaresch*“ hat noch niemand auch nur zu erklären versucht. und doch muss jedes wort sich dem versuche unterwerfen verstanden zu werden: wer solche versuche anstellt, leidet darum noch lange nicht an der „sucht zu etymologisieren“, wer sie nicht wagt, stellt immer seinem guten glauben, vielleicht auch seiner geschicklichkeit ein bedenkliches zeugniss aus. und wenn Spiegel aao 193 abanyascht 6 anführt, so hat er in den lesarten dieser stelle das material zur bestätigung meiner jetzigen ableitung vollständig bei einander. es wechseln *huzvarena huzvârena hazavaren hazavârena hazvârânê hizvarana uḍadrêna* (dies mit devanagari), richtig kann nur *huzdvarena* sein. meine frühere erklärung des אווארש von *zaoṭra* war also falsch, die aussprache huzòresch selbst richtig. vgl abhandl 224, 29.

Zu 35, 1.

Vom syrischen אתר lehrte mich FRückert vor langem einmal beiläufig es sei das hebräische אֲשֶׁר: irgendwo in den jahrbüchern für wissenschaftliche kritik habe er das auch öffentlich ausgesprochen. ich füge hinzu: אֶשֶׁר wäre dann nach לְבֶן Genes 49, 12 zu erklären: status constructus vor einem satze wie in אֱוִי אַיֵּה und מְתַי, das nicht zum syrischen, nach den lexikographen von אֵם stammenden מְתָא μητρόπολις gehört: vgl aethiopisches חב Dillmann § 161[b]. das syrische בתר steht für באתר im sinne des arabischen *fi ʿaṭari* oder *ʿalay 'aṭari*, wie (wohl nach älteren) Bernstein *lex chrest* 48^{a} lehrt: vgl meine materialien I 163, 2 205, 4 206, 19 mit den entsprechenden stellen der peschithtâ, ausserdem Ibn Hischâm 26, 11. wie nun אֲשֶׁר zu שֶׁ mit folgendem daghesch, so wird syrisches אתר zu der sehr seltenen praeposition תר. sind nun die Griechen von dem sehr abstrakten ποιός zu dem sehr konkret gewordenen ποιέω vorgeschritten, so die niederSemiten umgekehrt von *'aṭar* fussstapfe (vgl Deut 2, 5) zu אתר ort: man denke an מָקָם von קום. von diesem אתר abgeleitet אַתְרָי stehend für ἐπιχώριος. den Sextus ganz gelesen zu haben wird niemanden gereuen: lese man wenigstens, was er über die ἐπιχωριάζουσα συνήθεια 650, 23 ff (Bekker) sagt. nach Naucks *lexicon vindobonense* 64, 13 ἐπιχώριον λέγεται τὸ σύνηθες τῷ τόπῳ, vgl 161, 13. danach heisst בלשנא אתריא einfach „dialektisch"; wo der dialekt gesprochen worden, muss anderswoher erhellen. neben manchen angaben ein wort gehöre dem לשנא אתריא, gehn noch andere her, welche dieselbe vokabel bestimmt lokalisieren. Bar Bahlul sagt mehrere male eine λέξις sei לפות אתרותא verschieden.

ich habe aus dem gothaer Bar Ali 42 glossen des לשנא אתריא gemerkt, welche fast alle auch bei Bar Bahlul vorkommen, der ausserdem noch תארמא und תסלוקא bietet. ich kenne 12 glossen des לשנא דלעל, 4 der נרמקיא, 13 von Takrit, 32 von Thirhân, 33 aramäische, zu denen 20 treten, in denen die מַתְלָא דַארָמָיֵא als belag citiert werden, die also wohl auch aramäisch sind. daneben findet sich seltner die sprache der dorfbewohner, von בית נהרין, von Palaestina (מַמון), von Antiochia, der östliche dialekt, der der מערביא, der קטריא, der Assyrier, der Nisibener, der Harranier, der חנפא, der von Mosul, Mesene und Ahwaz, der nabatäische und der לשן מטרחא erwähnt. was den סוריא zugeschrieben wird, mag ich nicht eigentlich dialektisch nennen: ebensowenig den ממלל oder לשן der פלחי כמלאא (χημικοί) und der פלחי אומנותא und der יובליא (historiker). eine moabitische glosse im leydener (göttinger) Bar Ali mag eine fälschung sein: interessant ist dagegen was Bar Bahlul 534^{med} den Babyloniern in betreff des מנה ובה nachsagt.

ich habe diese notizen (natürlich vollständiger, als ich sie hier vorlege) nebenbei während der wahrlich anstrengenden arbeit des letzten winters gesammelt: sie bedürfen wohl sehr der ergänzung, die ich selbst ihnen nicht angedeihen lassen kann und auch nicht angedeihen lassen will. man wird aus diesen zeilen übrigens ersehen, mit wie gutem fuge mein urteil abhdl 1, 26 abgegeben ist. Hasses abhandlung über die syrischen dialekte ist selbst in Königsberg, wo sie 1787 erschien, wie man mir amtlich schrieb „nicht vorhanden oder — nicht zu finden". mit welcher leichtfertigkeit herr Larsow seinen oft citierten aufsatz von 1841 verfasst, und wie ihn sein freund Bernstein unterstützt hat, wird aus dem eben mitgeteilten, das auf vollständigkeit noch dazu keinen anspruch macht, wohl hinlänglich klar sein.

Zu 46, 33.

Für den wechsel von ḳ und *h* am ende fand ich, während mein heft gedruckt wurde, noch zwei beläge nach. Ephraim I 3, 12 steht *ṭoḳ ev boḳ*, während 2, 9 *ṭoh ev boh* gedruckt ist: gemeint ist תהו ובהו. und bei Elischê 64, 31 erscheint für *Kapkohi* (oben 36, 25) in zwei hdss *Kapkoḳi*.

Seite 61, 2 muss das citat aus meinen abhandlungen 9, 17 lauten.

Druck von J. F. Starcke in Berlin.